PHYSICAL
ACTIVITY

노인건강발전소

FOR OLDER ADULT

PHYSICAL
ACTIVITY
노인건강발전소
FOR OLDER ADULT

김석희 지음

이담
Books

:: 서문

　아직 젊은 나이지만 40세가 넘게 되면서 건강에 대해서 걱정하지 않을 수 없다. 게다가 현재 기대수명은 80세를 넘어가고 필자가 65세가 될 때쯤이면 기대수명이 85세를 넘어가게 되어 노후에도 건강할까라는 고민을 하지 않을 수 없는 것이다. 따라서 지금도 여러 가지 운동을 통해 체력 및 운동기능을 유지하고 있다. 하지만 주변에서 관절이 나빠질 수 있으니 마라톤은 그만하고, 다칠지 모르니 농구도 그만두고, 같이 골프나 치러 가자는 달콤한 유혹을 뿌리치기가 쉽지 않다. 개인적으로 마라톤을 통해 유산소 능력을 유지하고 농구를 하기 위해 근력과 기능성 운동을 즐기면서 체력 및 건강을 유지하고 있는데 말이다. 아마도 운동에 대하여 가지고 있는 선입견 중 나이에 맞는 운동이 있다는 생각이 강하고 운동의 특이성과 개별성을 고려하지 않는 경향이 높기 때문일 것이다.

　지난 시간 현장과 학교에서 운동처방과 스포츠의학 분야를 배우고 연구하면서 다양한 만성질환과 근골격계 질환자들을 경험해왔지만 노인에 대한 기회는 많지 않았고, 실질적으로 관심을 갖게 된 계기는 2005년 수도권 특성화 대학 연구 사업에서 노인건강 관련 연구를 진행하면서였다. 그전까지 노인은 생소한 대상으로, 인구 사회학적 특성뿐만 아니라 다양한 환경과 조건을 파악하고 이해하는 데 적지 않은 시간이 필요했다. 무엇보다 기존의 많은 연구와 자료에서 언급하듯 노인은 건강과 신체적 능력이 위약하고 도움이 필요한 대상이라는 생각이 앞서 시작부터 조심스럽고 부담스럽기까지 했던 기억이 난다. 하지만 현실에서 만난 노인들은 단지 위약하기만 한 존재가 아니었으며, 노인들은 그 자신의 인생을 위해 치열하게 살아오고 있었다는 것을 깨달았고 고령화에 대한 문제가 남의 문제가 아니라 우리 미래를 위한 준비라는 것을 깨닫게 되었다.

　세상은 더욱 편리해지고 살기 좋아졌다고 하는데 노인들은 사회구성원으로의 역할이 줄어들고 보호가 필요한 소외되는 대상으로 바라보고 있는 것이 현실이다. 그 이유는 조기 정년퇴직으로 사회적 역할이 위축된 상황이고 많은 만성적 질환에 노출되고 있기 때문일 것이다. 특히, 신체기능은 저하되고 길어진 노년기를 독립적으로 생활해야 하는 현실은 더욱 어렵기만 하다. 하지만 조만간 노인들은 재취업을 통한 사회역할을 다시 할 수 있어야 할 것이고 이때 신체적으로 준비가 되어 있지 못하다면, 기회마저 얻지 못하게 될 것이다.

얼마 전 스포츠 뉴스에 한 85세 할아버지가 철인 3종 경기를 20회 이상 완주하였다는 이야기를 보았고 더불어 85세가 넘은 집안 어르신은 새로 나온 스마트폰을 자유자재로 이용하고, 젊은이보다 다양한 앱을 사용할 정도로 정보에 대해서도 관심을 가지고 계신 분도 있다. 이런 경우는 무엇보다 현실에 대한 적응과 노력, 정서적 자기 관리와 더불어 기본적인 신체적 기능을 유지하였기에 가능하다고 볼 수 있다.

현재의 노인들에게는 단순히 평균기대수명을 100세까지 늘리는 것보다는 건강 기대수명의 연장과 독거노인이나 1인 가구의 증가와 더불어 독립생활의 가능성을 개선할 수 있는 환경을 만들어 가는 것이 중요하다. 100세인이 된다는 것이 행복일지 형벌일지는 단순히 정책적 보조나 의료적 혜택이 아닌 신체적·사회적·정신적 환경이 균형적으로 유지되어야 하고 행복한 100세인이 되기 위한 준비는 노인이 되어서 하는 것이 아니라 노인이 되기 전부터 자신에 대한 준비를 생애주기적인 관점에서 준비해 나가는 것이 중요하다.

노년기를 실버세대라고 해묵은 의미로 표현하기보다 인생의 전성기, 활기찬 시작을 맞이하는 골드세대로 받아들이는 긍정적인 마음의 변화가 일어나는 것이 중요할 것이다.

2012년 12월 마지막 날
카이스트 스포츠 컴플렉스 301#
한국과학기술원 인문사회과학과 김석희

:: 목차

제1장

우리나라의 고령화

1 | 인구 고령화 및 노인 문제 증가

우리나라는 세계적으로 유례가 없는 급속한 고령화가 예상되고 있다. 고령화는 생명연장의 꿈이 실현되는 과정에서 발생되는 하나의 축복이나 인구구조의 급속한 변화는 사회적으로 예기치 않던 문제점을 발생시키기 때문에 이에 대한 충분한 대비가 필요하다. 게다가 우리나라는 고령화의 속도가 빠른 데 비해 준비기간이 불충분하여 기존에 이미 고령화를 겪은 선진국들에 비하여 더욱 신속하고도 정확한 대응이 요구된다.

우리나라의 65세 이상 노인인구 비율은 2002년 7.9%에서 2010년 10.7%, 2019년 14.4%로 증가하게 되어 고령사회로의 진입이 불과 19년 만에 이루어질 것으로 예상되고, 다른 OECD 국가인 프랑스의 115년, 스웨덴의 85년, 미국의 71년, 이탈리아의 61년에 비하면 매우 급속히 진행되고 있다. 그야말로 '초고속 노화현상'이다. 이와 같은 고령화의 원인은 출산율의 감소와 기대여명의 연장으로 알려져 있으며 우리나라의 경우 이 두 가지가 동시에 진행되고 있다. 우리나라 노인인구비율을 살펴보면, 전국적으로 65세 이상 고령인구는 2010년 545만 명(11.0%), 2030년 1,269만 명(24.3%)으로 두 배 이상 증가하고, 2040년 1,650만 명(32.3%)에 이를 전망이다. 특히, 베이비부머가 65세 이상 고령인구에 진입하는 2020년부터 2030년까지 고령인구 비중이 전국적으로 8.6%가량 급증하게 될 것이다(통계청; 인구주택총조사, 2010).

2010년의 시도별 고령인구 비중을 살펴보면, 수도권은 8.9% 수준에 도달하고 전남이 20.1%로 가장 높고, 울산이 6.8%로 낮은 것으로 나타나 지역에 따른 차이도 커 특이한 흐름이 나타나고 있다.

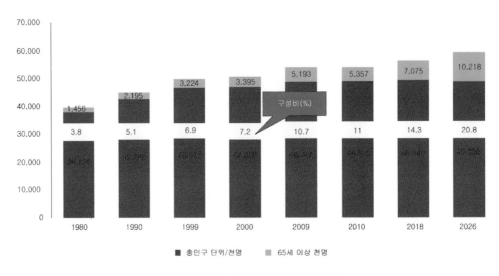

<그림 1> 65세 이상 인구 및 구성비 현황

우리나라 국민의 평균수명은 사회·경제발전에 따른 국민 생활수준과 보건의료 수준의 향상으로 꾸준히 증가해왔다. 1971년 남녀의 평균수명은 각각 59.0세, 66.1세이었으나 그 후 빠른 속도로 증가하여 1991년에는 남성 67.7세, 여성 75.9세, 그리고 2000년에는 남성 72.1세, 여성 79.5세로 나타났다(통계청, 2001). 2000년대에 진입한 이후의 평균수명 및 건강수명 추이는 <표 1>에 제시된 바와 같다.

<표 1> 평균기대수명 및 건강수명 추이

(단위: 세)

		2002	2003	2004	2005	2006	2007	2008	2009	2010	2011
평균 기대 수명	계	77.02	77.44	77.04	78.63	79.18	79.56	80.08	80.55	80.79	81.2
	남자	73.4	73.86	74.51	75.14	75.74	76.13	76.54	76.99	77.2	77.65
	여자	80.45	80.81	81.35	81.89	82.36	82.73	83.29	83.77	84.07	84.45
건강수명		67.8	-	-	-	-	71	-	-	-	-

출처: 통계청, 2010

2012년 한국보건산업진흥원이 발간한 '한국인의 고령화 특성 분석' 보고서에 따르면, 1990년부터 2010년까지의 20년간 기대수명은 남자 77.39년에서 82.16년, 여자 81.29년에서 86.63년으로 남녀 각각 4.77년, 5.34년 증가했다. 2050년까지의 추이를 볼 때 향후 평균수명은 지속적으로 증가하여 선진국보다는 높은 수준이 지속될 전망이다. 우려되는 사실은 꾸준히 증가하는 평균수명이나 기대수명에 비해 건강수명이 매우 낮다는 것이다. 2007년 건강수명과 기대수명은 약 10년 차이가 나타나는데, 이는 의료적 혜택과 풍부한 영양섭취를 통해 평균수명은 증가하였지만 신체적 건강수준은 그에 비해 떨어지는 현실을 보여주는 것이다.

인구의 고령화는 노동시장, 자본시장, 경제성장, 재정수지, 연금, 보험 등 여러 가지 부문에 사회경제적 파급효과를 가지고 있다. 또한 이러한 영향은 동시에 노인 개개인의 삶의 형태와 질을 변화시킬 것으로 전망된다. 노인들은 빈곤, 질병, 소외라는 삼중고에 직면할 위험이 큰 집단으로서 노인 당사자와 노인 부양자의 경제적·비경제적 부담을 가중시킬 수 있다. 이와 같이 직면할 '초고령사회(super-aged society)'에 대비하기 위해서는 노인들의 건강한 삶을 위한 사회적 제도나 건강에 관한 정확한 인식이 필요하며, 더욱 구체적인 관심과 실천을 활성화할 수 있는 인프라 확충이 요구된다.

〈수명에 대한 정의〉

기대여명
정확한 연령 0세의 사람이 앞으로 생존할 것으로 기대되는 평균 생존 연수

평균수명
0세의 출생자가 향후 생존할 것으로 기대되는 평균 생존 연수로서 '0세의 기대여명'을 말함.

건강수명
전체 평균 수명에서 질병이나 부상으로 고통받는 기간을 제외한 건강한 삶을 유지한 기간을 의미

〈고령화 사회의 분류(UN 정의)〉

고령화 사회(aging society)
전체인구 중 65세 이상 고령인구비율이 7% 이상~14% 미만인 사회

고령사회(aged society)
전체인구 중 65세 이상 고령인구비율이 14% 이상~20% 미만인 사회

초고령사회(super-aged society):
전체인구 중 65세 이상 고령인구비율이 20%이상인 사회

노령화 지수(index of aging)
14세 이하의 연소인구에 대한 65세 이상의 노인인구비율

노년부양 지수
15세에서 64세의 생산인구가 부양해야 하는 65세 이상의 인구비율(노인부양비의 상승은 한 사람의 노동자가 부양해야 할 노인들의 숫자가 증가하는 것을 의미)

2 | 고령화 사회의 국내외 시각

예전부터 노인세대를 실버라는 표현으로 널리 해왔지만 사회적으로 긍정보다
는 암담한 의미로 받아들이고 있는 듯하다. 노인과 노화에 대한 의미를 보다 긍정
적이고 적극적으로 받아들이기 위해 **골드세대**라고 받아들이는 것이 좋을 것 같다.
이를 위해서 국내 고령화 문제뿐만 아니라 국제적 동향과 더불어 다양한 방법에서
바라보는 시선도 필요하다.

1) 국제적 동향

(1) 국제연합(UN: United Nations)

1982년 제1차 세계고령화회의(The First World Assembly on Ageing)에서 처음으로
국제적 고령화 문제에 대한 효율적인 대처를 위해 '고령화에 대한 국제 행동 계획'을
수립하였으며 세부적인 분야로 건강, 노인 소득 보장, 주택과 환경문제, 가족, 사회
복지, 임금안정과 고용, 교육 등이 논의되었다. 이후 1991년 유엔총회에서는 노인의
독립(Independence), 참여(Participation), 보호(Care), 자아실현(Self-fulfillment)과 존엄
성(Dignity)을 기본으로 한 18가지의 노인을 위한 원칙을 발표하였다. 여기서 노인의
독립이란 일할 기회를 제공받으며 은퇴 시기는 자발적 의사에 따른다는 원칙을 포함
하고 있다. 또한 참여의 원칙은 노인들이 자신의 관심과 능력에 적합한 자리에서 자
원봉사를 할 수 있는 기회를 통하여 가정, 지역사회, 정치 등 각 분야에서 참여할 수
있는 권리를 말한다. 또한 자아실현 원칙은 교육, 문화, 취미생활 등을 통해 노인들

이 자기계발 기회를 보장받을 권리가 있음을 의미한다. 이후 2002년 4월 제2차 세계고령화회의(World Assembly on Aging)에서는 향후 고령사회에 대처하기 위한 행동계획문서를 채택하였으며 ① 노인과 사회개발, ② 건강증진, ③ 지지적인 환경조성의 세 가지 기본방향을 설정하였다.

(2) 세계보건기구(WHO: World Health Organization)

2002년 제2차 세계고령화회의를 맞이하여 세계보건기구는 '활기찬 노후(Active Ageing)'라는 정책 기본 틀을 발표하였다. '활기찬 노후'란 고령화 시대를 맞이하여 노인의 신체적 건강을 강화하고 질병을 예방하기 위한 정책 기반으로 정부와 민간단체, 시민단체의 다양한 분야에서 참여를 통해 건강한 고령사회를 만들기 위한 국제적인 정책 기준이다. 이는 구체적으로 노화과정에서 삶의 질을 높이기 위하여 건강, 참여, 안전을 위한 기회를 최대화하는 과정을 말하며, 노인들이 스스로의 욕구에 따라 사회에 참여하며 생애주기에 걸쳐 신체적, 정신적, 그리고 사회적인 안녕을 위해 그들의 잠재력을 인지할 수 있도록 지원해주는 것이다. 활기찬 노후 접근법은 노인의 인권과 UN의 노인의 5가지 원칙-독립, 참여, 보호, 자아실현과 존엄성에 기초하고 있으며, 이는 과거 노인의 욕구 중심의 전략에서 노인의 권리를 기본으로 하는 전략으로 변화했음을 의미한다.

'활기찬 노후'는 문화적 가치와 전통, 성(Gender), 경제적 요인, 개인적인 요인, 건강과 사회서비스, 사회적 요인, 신체적 조건 등 복합적인 요인들에 의해 결정된다. 그리고 이러한 요인들이 노인들의 삶에 영향을 미치는 방식을 통해 참여, 건강, 안전이라는 세 가지 정책 영역을 설정하였다. 노인의 건강과 관련된 정책은 삶의 질을 위하여 질병의 예방과 효과적인 치료, 노인 친화적인 환경, 사회적 지지, 건강한 식사, 영양, 신체 활동, 깨끗한 환경과 더불어 노인의 수발자에 대한 지원, 지역사회와 가정에서의 노인에 대한 서비스 제공 등을 그 내용으로 하였다. 노인의 참여정책은 기초교육과 평생교육, 노동시장에의 참여, 빈곤 탈피와 자원봉사의 기회 제공을 통하여 노인들이 가족과 지역사회에 충분히 참여할 수 있도록 하는 것을 목적으로 하였다. 노인의 안전을 위한 정책은 사회안전망, 쉼터 제공 및 노인 학대, 득히 여성노인에 대한 차별의 근절을 목적으로 하였다.

(3) 유럽연합(EU: European Union)

유럽연합 대부분의 국가는 고령화 사회에 접어든 시기가 다른 나라에 비해 무척 빨랐다. EU 차원에서 노인 문제에 관심을 가지게 된 것은 1980년대로 유럽의회

(European Parliament)에 의해 제기된 결의안에서 찾아볼 수 있다. 특히 1982년 2월 18일의 결의안을 통해 EU의 모체인 European Community에서 노인의 문제와 상황에 관한 논의가 시작되었다. 또한 1989년 11개 국가에 의해 채택된 '근로자의 기본적 사회권리장전(The Charter on the Fundamental Social Rights of Workers)'의 24 · 25절에서 노인과 은퇴자들에 관해 언급하였고 많은 법률문서와 정책 발의를 통해 상대적으로 노인세대에 많은 관심을 두기 시작하였다. 1970년대 중반 이후 유럽 대부분의 국가는 경기 침체 등의 이유로 고도실업 상태가 지속되면서 고령인구의 조기 퇴직을 권하는 분위기가 조성되어 고령인구의 취업률이 지속적인 하강곡선을 그리기 시작하였다. 그러나 이로 인하여 사회적 역기능들, 즉 노년 부양지수의 상승, 고령인구의 빈곤화, 사회보장비용 과다지출 등의 현상이 나타나면서 최근 유럽연합에서는 활기찬 노후정책(Active Ageing Policies)이라는 개념을 통한 고령인구의 재교육 및 재취업을 지원하여 고령자에게는 취업의 기회를 부여함으로써 장기적으로 경제활동인구의 부양부담을 감소시키며 국가 사회보장제도의 재정적 안정을 꾀하고 있다.

(4) 경제협력개발기구(OECD: Organization for Economic Cooperation and Development)

OECD에서는 1996년부터 고령화 사회에 대한 문제 인식의 확대와 더불어 '고령화 사회'라는 주제로 고령화의 경제 · 사회적 영향, 고령노동자와 연금제도에 대한 연구를 활발히 하고 있다. 특히 OECD 가입국 대부분이 과거 경제침체기에 수용했던 조기 퇴직과 연금확대의 영향으로 재정압박 현상을 보이고 있어 고령화 사회에서 실현가능한 연금제도의 정책 대안을 나라별로 모색하고 있다.

최근 OECD의 고령화와 관련한 중점적인 사회정책으로 크게 ① 노령 근로자의 취업과 소득보장 제반 연구, ② 사적연금의 법규화 및 모니터링, ③ 장기요양 보호이다. 첫 번째 정책분야인 고령노동자의 취업과 소득보장을 위해서는 고령자의 고용을 촉진방안으로 직업훈련을 강화, 직장에서의 연령차별 철폐 및 직장문화 개선을 추진하고 있다. 또한 법적 퇴직연령을 늦추거나 연금수준을 낮추고 연금수급 연령을 높여 자발적인 퇴직연장을 유도하는 방안도 제시하고 있다. 이와 더불어 연금제도의 개혁을 추진하는 가장 큰 원인으로 생애주기별 특성상 자녀양육과 노인수발 등의 부양 의무로 인하여 노동시장에서 남성과 동일한 조건으로 참여하지 못하였던 여성들의 노후가 남편의 연금에만 의존하게 됨으로써 빈곤의 가능성이 높아졌다는데서 찾고 있다. 이러한 연금제도를 통해 경제활동에 직접적으로 참여하지 못하였던 노인들에게도 혜택을 줄 수 있도록 개혁을 추진하고 있다. 두 번째 정책분야인 사적연금의 경우 현재 대부분의 서구복지국가가 직면하고 있는 고령인구의 급속한 증가와 사회보장비의 과다지출 문제에 대하여 고령자들의 공적연금에의 의존성을 줄이고 사적연금은 강화하여 노후생활의 안정성과 더불어 재정지출을 축소하겠다는 것이 OECD의 대안이다.

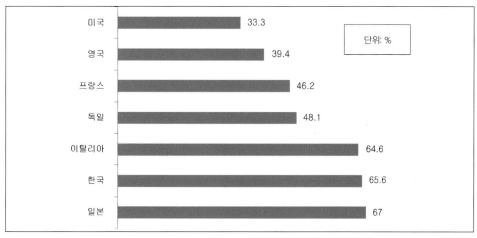

〈그림 2〉 2050년 OECD 회원국의 노령인구 부양비율 전망

전체적인 국제적 시각은 급속한 고령화에 따른 문제를 파악하고 신체적 건강을 위한 정책, 고령인구의 재사회화와 재정적 지출을 최소화하기 위한 실질적인 정책을 발의하고 시행하고 있다. 노년기에도 사회구성원으로 역할 만들기에 주력하고자 하는 노력을 하고 있는 것이다.

2) 국내 정책 동향

우리나라는 고령화 사회를 대비하기 위해 다양한 정책개발과 더불어 사회적 문제를 최소화하기 위한 법안을 발의하고 노인 복지 및 건강에 대한 대안을 모색 중이다. 하지만 예산확보 및 사회적 기반환경의 부재로 현실적 준비는 미비한 상태이며, 대부분 정책 및 법안은 국가 주도적 운영보다는 기관위탁 및 개인적 문제로 해결해야 하는 것이 지금의 현실이다.

(1) 노인복지법

노인복지의 기본이념은 노인복지법 제2조에 규정되어 있다. ① 노인은 후손의 양육과 국가 및 사회의 발전에 기여하는 자로서 존경받으며 건전하고 안정된 생활을 보장받는다. ② 노인은 그 능력에 따라 적당한 일에 종사하고 사회적 활동에 참여할 기회를 보장받는다. ③ 노인은 노령에 따르는 심신의 변화를 자각하여 항상 심신의 건강을 유지하고, 그 지식과 경험을 활용하여 사회의 발전에 기여하도록 노력하여야 한다. 그러나 실질적으로 적용되는 부분이 제한적이고 부족한 것이 현실이다.

(2) 노인보건복지종합대책

국무조정실 노인보건복지대책위원회에서는 2002년 7월에 「고령사회에 대비한 노인보건복지종합대책」을 발표한 바 있다. 이 대책은 노인 소득지원 및 고용촉진, 노인 건강보장, 노인 교육 및 문화 · 여가 기회 확대, 실버산업 활성화 및 노인 보건 · 복지 대책 추진체계와 관련된 50여 개의 정책과제를 포함하고 있다. 한편 최근 보건복지부에서는 부처 간 협의를 거쳐 「고령사회대비 노인보건복지종합대책」과 관련된 부처별 · 연도별 실행계획을 수립하였다. 이것은 우리나라 노인복지 정책의 청사진을 담고 있으며 향후 우리 사회의 노인복지수준을 결정할 중요한 내용이다. 이와 같은 대책은 급속히 진행되고 있는 고령화 사회에 대비하여 기존의 단순한 보호 중심의 복지대책에서의 탈피를 통해 노인이 경제적 · 사회적 주체로서 생활할 수 있는 사회여건을 구축하고, 빈곤 · 질병 · 역할상실 등에 대해서 범부처적으로 대응하기로 합의한 데 의의가 있는 것이다.

(3) 저출산 고령사회기본계획

2006년에는 「저출산 고령사회기본계획」을 수립함으로써 저출산, 고령사회에 적극 대응하고자 하였다. 이 계획은 보건복지부를 비롯한 관련 부처가 범정부적으로 추진하는 종합계획으로 각 부처 및 지자체의 중장기적이며 일관성 있는 정책 추진이 가능하도록 정책의 목표와 방향을 제시하는 마스터플랜의 성격을 갖고 있다.

「저출산 · 고령사회기본법, 2005」는 보건복지, 소득보장, 산업, 고용, 교육 · 문화 등 전반에 대한 각종 시책을 종합적으로 추진, 평가 및 관리할 수 있는 명시적 근거를 제시하였으며 노인복지정책 수립에도 많은 영향을 주고자 하였다. 내용을 살펴보면, 제1절 저출산 대책은 인구정책 및 자녀의 출산과 보육에 관한 내용을 담고 있으며 제2절 고령사회정책은 고용과 소득보장, 건강증진과 의료제공, 생활환경과 안전보장, 여가 · 문화 및 사회 활동의 장려, 평생교육과 정보화, 취약계층 노인 지원, 가족관계와 세대 간 이해증진, 경제와 산업, 고령 친화적 산업 등에 관한 내용을 포함하고 있다.

〈표 2〉 저출산 · 고령사회 대응을 위한 국가실천전략의 주요내용(2005)

정책분야	추진전략 및 정책과제	
인구 · 가족 정책	출산안정화	• 가치관 재정립 • 출산 · 양육지원 강화
	가정과 직장의 양립	• 출산 · 육아의 사회적 분담 강화 • 보육서비스 확충
	인구자질 향상	• 생애주기별 건강관리체계 구축 • 출생성비 균형화
고용 · 인력 정책	제도 및 고용관행 개선	• 임금직무치계 개선 • 정년 · 연령차별 개선
	고용 기회확대 및 능력개발	• 중고령자 고용촉진 및 능력개발 • 고용규제 완화 및 건강증진
보건 · 복지 정책	안정적 노후소득보장	• 다층연금체계 도입 • 사각지대 해소
	건강한 노후생활보장	• 공적노인요양보험제도 도입 • 생활체육 활성화
	교육, 여가 · 문화 향상	• 노인사회참여 활성화 • 노인주거환경 개선
재정 · 금융 정책	재정수지균형, 산업구조개편	• 재정효율성 제고 및 세입기반 확충 • 실버산업육성
	금융 · 자본시장 효율화	• 연기금의 시장 안정기능 강화 • 장기금융 인프라 구축

"저출산 · 고령사회 대응을 위한 국가실천전략", 국정과제회의 보고자료

(4) 노인건강복지 전문인력의 수요

실버산업 관련 분야의 전 산업 취업유발 효과는 고령자의 삶의 질 향상에 기여할 뿐만 아니라 새로운 일자리 창출을 통해 성장과 복지의 선순환구조를 확립하는 데 기여할 것으로 기대되고 있다. 실버산업 전문인력에 대한 개념은 아직 명확하지 않지만 2005년 4월 제정되어 9월부터 시행된「저출산 · 고령사회기본법」제19조에 실버산업(고령 친화적 산업)의 육성 및 전문인력 양성의 필요성을 명시하고 있다. 한편 대통령자문기구인 고령화 및 미래사회위원회에서 실버산업을 신성장동력으로 활용한 새로운 시장 및 일자리 창출 의지를 천명하였다("고령친화산업 활성화 전략" 대통령 보고, 2005년 1월).

노인인구, 특히 85세 이상 인구의 급격한 증가는 전 세계에 걸쳐 여러 가지 건강, 사회적·경제적 문제들을 발생시키게 된다. 가장 큰 문제는 노인을 위한 건강 및 사회보장 프로그램의 예산부족과 만성적 질병증가로 인해 치솟는 의료비일 것이다. 이러한 문제의 해결을 위해 건강수명(active life expectancy)을 연장시키고 만성적 질병으로부

터 고통받는 기간을 줄일 수 있는 효과적인 방법을 찾기 위한 노력이 전 세계적으로 이루어지고 있다.

Fries와 Crapo(1981)는 건강수명을 심각한 질병이나 신체장애 없이 생존한 삶의 기간으로 정의한 반면, Katz 외(1983)는 신체적·정서적·인지적 활력 또는 기능적 웰빙을 유지할 수 있을 것으로 예상되는 삶의 기간이라고 정의함으로써 더욱 적극적인 입장을 취하였다.

제2장

노화를 맞이하며……

대부분의 사람은 막연히 우리나라가 고령화 사회를 거쳐 고령사회에 진입을 앞두고 있다는 언론과 학계에 대한 보도에 의해 내용을 전해들을 뿐 현실적 문제와 미래의 문제에 대해서 고민을 하는 사람은 많지 않다.

대학생들의 노인과 노화에 대한 가치관이 어떠한지 궁금하여 노인건강 관련 강의 수업 첫날 수강생들에게 노인이나 노화라는 단어에서 연상되는 것이 무엇이냐는 질문을 해보곤 한다. 한마디로 결과는 참담하기만 하였다. 기대했던 대답은 삶의 안정, 여유, 경륜, 인자함, 편안함 등의 긍정적 단어가 예상되었는데, 대부분 고독, 우울, 외로움, 독거, 주름, 불쌍함 등의 단어들이 가득하였고 60~70%가 부정적 의미를 가진 단어가 차지하고 있었다.

그 이유는 대상자들이 20대 초반의 대학생들이었고 노인이 된다는 것 혹은 나이가 들어간다는 것에 많은 고민을 하지 않은 상황이었고 한편으로 할아버지 혹은 할머니를 모시고 사는 가정이 적어 실질적으로 보고 느낄 기회가 많지 않았다는 것이다. 젊은 세대에게는 노화 혹은 노인이 되는 것은 그저 생애 주기적인 시간의 흐름에 따른 결과로 받아들이고 있는 것 같았다.

진행했던 연구 중 노인들의 생활도구 개발을 위해 신체측정과 관련된 변인을 측정하고 데이터베이스(DB)를 구축하는 과정이 있었는데, 가장 먼저 시작해야 할 일은 다양한 신체적 변인을 제공할 노인 대상자들을 섭외하는 일이었다. 연구가 진행되었던 지역은 경기도 용인 주변의 수도권이 중심이었고 그 주변의 노인복지관, 관련 시설을 방문하는 노인들을 대상자로 섭외해야 하였다. 그런데 그 당시 그 지역은 부동산 버블세븐지역 중 한 곳으로 유입인구의 이동이 빈번하였고 매년 연속적으로 전국

인구유입률 1위 지역이었다. 특히, 높은 인구유입뿐만 아니라 노인인구의 유입률이 높아 주거환경, 직업, 교육수준, 건강 상태, 여가 활동, 직업 등의 다양한 인구사회학적 변인들을 포함하고 있었다.

노인시설이나 기관을 방문하여 대상자 섭외를 문의하면 여성노인이 남성노인보다 훨씬 많은 비율을 차지하고 있다는 것을 발견할 수 있었다. 또한 성별에 따라 신체 활동과 운동능력에 대한 반응은 분명하게 차이가 많다는 것을 알 수 있었다. 특히 여성노인들은 겸손한 듯 '별로 하는 것이 없으며, 지금도 별로 좋은 것이 없다'고 생각하고 남성노인들은 실질적인 능력보다 과대평가하고 현실적 능력을 간과하는 경우가 많다는 것을 발견할 수 있었다.

나이를 먹고 연령이 증가하면 우리 몸은 머리카락이 빠지고 희어지며, 청각 및 시각이 감퇴하는 변화는 물론 심장박동이 약해지고 폐활량이 적어져 빨리 지친다. 또한 근력의 감소와 신장의 여과기능이 약화되고 뼈 조직이 약해지는 변화가 나타나게 된다. 기능적으로는 유연성, 민첩성, 균형성, 근력, 근지구력 등이 감소하게 되어 노인들의 신체 활동 분야에서 중요시되는 뼈, 근육, 인대, 건, 관절 등의 근골격계 변화가 나타난다.

대부분의 노인은 일반적으로 노화에 따른 질병이 생기면 치료에 급급하며 건강한 노화나 노인이 되기 위한 준비를 하기보다는 노인이 된 후 문제를 해결하는데 급급하다. 물론 각종 질병에 있어서 의학적 처치가 중요하지만 그에 못지않게 예방 및 치료적 차원에서 신체 활동의 중요성이 매우 크다는 것을 이해해야 한다.

노인건강은 일상동작을 할 수 있는 근력과 신체 활동량을 좌우하는 유산소 능력을 위한 운동 프로그램에 정기적으로 참여하는 것이 중요하다. 그 이유는 관상동맥질환, 당뇨병, 고혈압, 비만의 감소 등 대사성 질환과 골밀도, 근육량 등의 개선으로 자립능력을 유지하고, 활동수준을 증가시켜 삶의 질을 크게 향상시킬 수 있기 때문이다. 또한 노인과 관련된 개념과 특성을 명확히 이해하고 스스로 판단하며 준비할 수 있는 것이 중요하다.

1 | 노화의 정의와 특성

1) 노화의 정의

노화는 순응과 비순응으로 설명해볼 수 있다. 순응은 노화된 개체의 도태와 제거에 의해 생활공간, 음식이 확보되고 환경의 변화에 대한 종의 적응을 개선시킨다는 것이다. 이에 반해 비순응은 자연도태력이 나이 증가에 따라 감소되고 결국에 너무 약해져서 노화가 온다는 개념이다. 순응설은 야생 상태에서나 타당하고 사회가 복잡해진 인간생활에선 적용하기가 곤란하여 최근에는 노화이론의 주된 근본 개념으로 이해할 수 있다.

그 밖에도 여러 가지 측면에서 제시하는 노화에 대한 설명은 전 생애 발달이론(lifespan development theory)에서 노화를 인간의 정상적인 발달과정이라고 보며 기존의 발달이론 중 단계이론을 넘어 생을 직선적인 과정으로 보지 않고 복합성과 다양함을 증가시키며 굴곡적으로 발달한다고 한다. 그 외 노화에 따른 의견은 아래와 같이 설명할 수 있다.

- 일차적 노화라고 할 수 있는 생물적 노화는 적응력 상실, 질병, 신체적 손상, 기능적 능력 감소, 신체장애, 그리고 최종적으로 죽음을 가져오는 인체 내의 과정들을 말한다.
- 기능적 연령은 같은 나이와 성별인 사람들과 비교한 기능적 체력과 관련이 있다. 예를 들면, 80세가 넘은 여성도 60~64세 연령 집단의 유산소 지구력을 가지고 있을 수 있다. 그러므로 유산소 지구력과 관련하여 그 여성의 기능적 연령은

60~64세이다.

- 보편적 노화는 대부분 사람의 노화형태를 말하며 신체기능의 점진적 감소로 신체적 손상, 질병, 신체기능 저하 그리고 궁극적으로 신체장애와 죽음을 가져온다.
- 병적 노화는 특정질병에 유전적으로 취약하거나 또는 신체장애와 죽음으로 유도하는 부정적인 생활방식을 지속하는 사람들이 노화하는 형태를 말한다.

성공적 노화는 수명이나 생존을 의미하는 것이라기보다는 노화의 질적인 측면을 말할 수 있다.

성공적으로 늙은 사람이란 노년기에 생리적 및 심리적 특성이 평균적인 것보다 더 나은 수준이며 건강한 유전인자를 소유한 사람이라고 말하였다.

Rowe & Kahn(1987)

2 | 노인의 정의와 특성

1) 노인의 정의

노화의 세 가지 영역을 동시에 고려하여 노인을 1) 생물학적 · 생리적 측면에서 퇴화기에 있는 사람, 2) 심리적 측면에서 정신기능과 성격이 변화하고 있는 사람, 3) 사회적 측면에서 지위와 역할이 상실되어 가고 있는 사람이라고 정의하였다(Breen, 1976). 그 외 국제노년학회(1951)에서는 노인이란 인간의 노화과정에서 나타나는 생리적 · 심리적 · 환경적 변화 및 행동적 변화가 복합적으로 상호작용하는 과정에 있는 사람이라고 하였다.

(1) 노인의 조작적 정의

사회적 역할 상실에 의한 노인은 퇴직, 불분명한 사회적 지위를 수행해온 사람을 말하며, 기능적 연령에 의한 노인은 개인이 특정한 업무나 일을 수행할 수 없을 정도로 기능이 저하된 경우를 말한다. 이러한 분류방식은 특정 연령 이상의 사람들을 일률적으로 노인으로 규정함으로써 노화의 개인차를 무시하게 되는 한계점을 보완할 수 있는 장점이 있으나 기능적 연령을 사정할 수 있는 기준과 영역이 매우 복잡하고 정책이나 행정의 편의성이 매우 낮을 수 있다. 마지막으로 발달단계에 따른 노인은 인간의 발달단계에서 신체적 노화, 심리적 노화, 사회적 지위와 역할 상실, 사회참여 감소, 자녀들의 출가(empty nest) 등 50대 후반부터 후기 성인기 또는 초기 노년기로 구분하는 경우가 있다.

(2) 우리나라의 노인 관련 법규

우리나라는 통상적으로 60세 회갑이라 하여 이 시점부터 노인이 되는 것으로 인정하는 사회적 · 관습적으로 생각해왔으나 규정과 법령을 통해 아래와 같이 노인연령을 구분하기도 한다.

- 고령자고용촉진법: 55세 이상을 고령자로 규정
- 국민연금법: 노령연금 수급기준을 60세부터
- 노인복지법(1981년 제정), 국민기초생활보장법: 65세 이상을 노인으로 규정
- 대부분의 노인복지회관: 60세 또는 65세 이상
- 일반 기업체의 정년퇴직 연령: 55세 정도
- 미국사회복지사협회: 55~64세(young-old, 연소노인), 65~74세(middle-old, 중고령노인) , 75~84세(old-old, 고령노인), 85세 이상(oldest old, 초고령노인)

2) 노인의 특징

노년기에는 환경 변화에 적절히 적응할 수 있는 조직기능, 생체의 자체 통합능력이 감퇴하고 인체의 기관, 조직, 기능에 쇠퇴현상이 일어난다. 물론 일상생활의 적응능력이 부족해가고 있는 사람으로, 신체조직의 예비능력이 감퇴하여 신체적 기능의 퇴화와 더불어 심리적인 변화가 일어나서 개인의 자기 유지기능과 사회적 역할기능이 약화된다. 결국 노인은 노화의 과정 또는 그 결과로서 생리, 심리, 사회적 기능이 약화되어 자립적 생활능력과 환경에 대한 적응능력이 약화되고 있는 사람으로 규정할 수 있다.

노년기는 인간의 생애주기 중 일부이지만, 한 번 노인은 마지막 단계로 죽을 때까지 변하지 않으므로 생애주기 중 과도기인 아동기나 청소년기와는 크게 다른 특징을 가지며, 즉 모든 노인은 나이가 들수록 노화가 진행되기 때문에 신체적 · 심리적 · 사회적 기능이 쇠약해지는 것을 인지해야 한다.

(1) 신체적 특징

노화에 따른 노인의 신체적 특징은 다음과 같이 정리하여 볼 수 있다.

① 신체구조의 쇠퇴: 피부와 지방조직의 감소, 세포의 감소, 골격과 수의근의 약화, 치

아의 감소, 심장비대와 심장박동 약화 등의 현상이 나타난다.

② 신체 외면상의 변화: 백발의 증가, 머리카락의 감소, 주름살의 증가, 얼룩반점의 증가, 신장 감소 등의 현상이 나타난다.

③ 만성질환의 유병률 증가: 동맥경화증, 고혈압, 당뇨병, 심장병, 신장병 등의 만성질환 발병이 증가한다. 특히, 만성질환의 출현은 노인의 소화기능, 호흡기능, 신진대사기능, 혈액순환, 수면, 배뇨기능 등 생리적 기능상의 노화와 매우 밀접하게 연관되어 있어 소화기능의 쇠퇴, 폐활량의 감소, 신진대사율과 속도의 저하, 변비, 수면의 양과 질의 감소, 피로감, 불면증, 야뇨 등을 초래한다.

(2) 심리적 특성

노인의 심리적 특성은 60년 이상 다양한 삶을 살아온 상황에 따라 개인차가 있지만, 감각과 지각기능의 변화, 정신기능의 변화, 성격특성의 변화, 그리고 정신적 문제로 인한 특징이 있다.

인간의 감각기관은 시각, 청각, 미각, 후각, 촉각 및 통각의 기관들인데 노화가 진행되면 시각과 청각기관도 함께 쇠퇴해진다. 시각에서는 노화에 따라 수정체의 조절능력이 약해져 가까운 물체에 초점을 잘 맞추지 못하여 노안 또는 원시안이 나타나며, 수정체의 섬유질이 증가하여 시각이 흐려지는 백내장은 당뇨병으로 발병되기도 한다. 청각의 기능도 약화되어 소리의 고저와 강도에 대한 감지능력이 떨어져서 높은 소리와 작은 소리를 잘 듣지 못하게 된다. 미각이나 후각의 기능은 상대적으로 잘 보전되는 것으로 보고되고 있다. 아울러, 감각기관에 의해서 수집된 정보를 의식적인 수준에서 처리하고 평가하는 지각기능은 노화에 따라 그 속도가 저하된다. 따라서 노인은 감각의 감퇴로 인해 환경의 변화에 즉각적으로 대처하지 못하여 안전사고를 당하는 비율이 높다. 하지만 정신기능은 노화에 따른 감각과 지각기능의 변화보다 비교적 덜 쇠퇴한다. 이는 지능의 쇠퇴에 있어서 연령 이외의 교육수준, 생활경험, 사회경제적 지위, 건강수준, 불안수준과 심리적 스트레스 등의 여러 변인이 더 많은 영향을 미치기 때문일 것이다. 다만, 기억력은 노화와 함께 쇠퇴하는 경향이 있으며 오래된 일보다 최근 일을 더 기억하지 못한 것으로 나타났다. 학습능력도 연령이 증가하면서 점차 떨어진다. 정신적 노화는 생리적인 정신 노화와 병적인 정신 노화로 나눌 수 있다. 예를 들면 건강한 노인이라도 물건을 어디에 놓고 찾는 따위의 단순한 기억 장애는 생리적인 정신 노화이고, 치매처럼 함께 사는 가족을 몰라보는 것은 병적인 정신 노화이다. 특히 뇌조직 기능의 손상으로 발생되는 기질적 정신장애의 하나인 치매는 정신기능의 퇴화와 성격의 와해현상으로 나타난다.

노인의 성격에 대한 연구는 그리 많지 않지만, 일반적으로 노인은 내향성과 수동성, 조심성, 경직성, 우울증 경향, 과거에 대한 회상의 증가, 친숙한 사물에 대한 애착심, 의존성의 증가, 그리고 유산을 남기려는 경향 등의 특성이 있다.

(3) 사회적 특징

노인은 생물학적·정신적 존재일 뿐만 아니라 다른 사람들과 상호작용을 하는 사회적 존재이다. 노인의 지위와 역할은 농업사회에서 산업사회로 바뀌면서 크게 변화되었다. 농업이 중심이 된 사회에서는 노인이라도 일생 농업에 종사하고 취득한 생산수단(토지와 농기구 등)을 소유하여 가족의 중심에 설 수 있었다. 그러나 상공업이 중심이 된 사회에서는 노인은 직장에서 퇴직한 후에 적절한 생산수단을 확보하기 어려워 사회적 지위도 점차 상실한다. 일반적으로 노인이 되면 수입의 감소, 소외와 고립의 증가, 이에 따른 의존성의 증가, 지위의 약화, 그리고 사기의 저하 등의 사회적 손실이 커진다. 특히, 남성의 경우 정년퇴직 후의 생활에 대한 준비가 부족할수록 역할의 단절과 사회적 손실을 더욱 절실하게 경험하게 된다. 이러한 노인의 사회적 손실은 현대 산업사회의 일반적인 현상이다.

지금의 사회적 정책이나 방향을 보면, 건강과 신체적 능력에 따라 노인들의 재취업 기회가 주어져 지속적으로 사회적 역할을 유지할 수 있게 될 것이다.

제3장

건강한 백 세인 (百歲人)을 준비하며

　규칙적인 운동과 신체적 활동은 노인을 포함한 거의 모든 사람에게 신체적·정신적 건강을 유지하는 데 중요하다. 신체적 활동은 나이가 들어도 독립적인 생활을 지속할 수 있게 한다.

　장기간에 걸친 규칙적인 신체 활동은 건강의 이득을 유지할 수 있게 하는데 특히, 규칙적인 운동과 신체적 활동은 연령의 증가에 따른 질병과 기능장애의 위험을 감소시킨다. 또한 운동은 많은 만성질환을 치료하는데 효과적인데, 예를 들어 관절염, 심장질환, 혹은 당뇨병 치료 및 예방에 도움이 된다. 특히, 노인의 신체 활동 제약의 주요 원인이 되는 낙상을 예방하는데 도움이 된다.

　하지만 건강한 노화, 건강한 장수, 성공적인 노후생활을 위하여 노인들의 신체적 수준에 맞는 건강 운동 프로그램을 선택하고 시작하는 것은 매우 중요하다. 대부분의 노인은 자신의 건강문제가 무엇인지, 무슨 목적을 위해 운동을 해야 하는지 고민하기보다는 주변 사람들이 많이 하는 운동이 좋은 것이라 생각하고 따라 하는 것이 일반적이다.

　일상생활을 독립적으로 수행하는데 중요한 근력은 20대 후반부터 감소하기 시작하여 50세 이후 기능적 활동력 및 최대 근력이 급격하게 감소하며, 70세 이후에 감소율은 50대의 두 배에 이르게 된다. 상체와 하체의 근력 부족은 일상생활의 활동을 수행하는데 불편함과 관련이 있고 하체의 근력 감소는 특히, 훗날 발생할 장애의 가능성을 증가시킨다. 노인들의 근력은 일상생활에서 계단 오르기, 걷기 혹은 의자나 욕조에서 일어서기, 식료품 운반하기, 가방 들기, 손자 안기와 같은 많은 일상적인 일에 중요하다. 70세가 넘은 노인 중 26%가 손잡이를 이용하지 않고 계단을 오르지 못하고, 31%는 5~6kg(시장 가방)을 드는데 어려움을 느끼며, 36%는 넓은 아파트 단지를 걷는데 어려움이 있다고 보고한 연구가 있다.

유산소 능력은 걷기, 쇼핑, 관광 혹은 레크리에이션이나 스포츠 활동을 지속적으로 참가하는데 필요한 요인으로, 우리가 얼마나 많은 산소를 가지고 있는지 혹은 우리 몸이 얼마나 많은 운동을 할 수 있고 얼마나 많은 에너지를 지니고 있는지와 관련된다.

유산소 능력은 30세 이후부터 10년마다 5~15%의 비율로 감소하고 70대에는 50%까지 손실이 일어나지만 이런 감소는 대부분 운동을 함으로써 피할 수 있다.

유연성은 일상생활 동작에서 구부리기, 들기, 뻗기, 걷기와 계단 오르기를 포함하는 움직임에 필요한 기능으로 이 또한 노화로 인해 감소하게 된다. 특히, 엉덩이와 햄스트링(대퇴 후면 근육)의 유연성은 허리 통증, 비정상적 걸음걸이 그리고 낙상의 위험을 줄여주고 예방하는 역할을 하기 때문에 매우 중요하다. 그 밖에도 민첩성과 움직임 동안의 자세를 유지하는 균형의 결합은 버스 타기와 내리기, 차를 피하기 위해 빨리 움직이기, 전화를 받기 위해 빨리 일어나기, 화장실 가기 혹은 부엌 가기와 같은 움직임의 변화가 필요로 하는 이동능력에 중요하다. 따라서 노인들의 운동 프로그램은 자신의 일상생활에서 무엇이 불편하고 혹은 앞으로 무엇이 우려되는지를 객관적으로 평가한 후 수행하는 것이 중요하다.

운동 프로그램은 기본적으로 동작을 시작할 수 있는 근력, 움직임을 지속적으로 반복할 수 있는 지구력, 그리고 동작과 운동성을 유지하기 위한 기능적 운동을 중심으로 구성되어야 하며, 한꺼번에 많은 양보다는 간헐적이라도 자주 할 수 있는 요인으로 구성하는 것이 바람직하다.

1 | 여가와 신체 활동

1) 노년기 여가 활동

여가는 노동의 반대개념으로 강제성 및 의무성이 없는 자발적 선택행위이며, 정신적 · 정서적인 면에서는 자유, 휴식 및 즐거움 등과 관련이 있다. 다시 말하면, 여가는 자유 또는 비의무적이라는 시간적 특성과 자유재량에 의해 시간을 사용할 수 있다는 특성을 지닌다고 할 수 있다. 그러나 의무가 없는 대부분의 시간이나 폭넓은 문화로 허용된 활동을 나열함으로써 정의하는 것은 잘못된 설명이라 할 수 있다. 여가의 분류는 〈표 3〉과 같이 제시하였다.

〈표 3〉 여가 유형 분류의 예

Kaplan	Maw	Time Budget	Dumanzedier	Meyersohn
개인사교 단체 활동 경기 예술 동적 활동 정적 활동	대화, 연회 등 스포츠, 놀이 등 연극 외식, 여행, 자기 사업, 정원 가꾸기 등 휴식, 독서, TV 시청, 라디오 청취 등 취미 활동	사교, 대화 등 조직 스포츠 영화, 연극 등 휴식, 독서, TV 시청, 라디오 청취 등 취미 활동	휴식의 기능 기분전환 (오락)의 기능 자아(인격) 개발의 기능	휴식, 휴양, 보양의 기능 오락의 기능 자아실현의 기능 정신적 변화의 기능

노인들에게 여가개념은 재생산의 수단 또는 심신의 피로회복 등을 목적으로 하는 청장년층의 여가성격과는 근본적으로 다르다고 할 수 있다. 이는 노년기에 있어 여

가란 일반적인 개념의 사회적·가정적 역할을 추구하는 과정 중에 갖게 되는 여유 있는 시간뿐 아니라 일정한 역할 없이 막연하게 긴 시간을 보내는 것도 포함하기 때문이다. 노년기의 여가는 일하는 과정에서 잠시 쉼을 얻는 여가이기보다는 생활 자체인 경우가 대다수이기 때문에 여가 활동을 어떻게 영위하느냐 하는 것은 노년기 삶의 만족도, 심리 정서적 행복감, 자기 존중과 자아정체성 유지와 더불어 성공적인 노화에 직접적인 영향을 끼치게 된다.

2) 한국 노인의 여가활용 실태

(1) 노인의 생활시간

통계청에 의하면, 우리나라 65세 이상 인구의 생활시간 중 수면시간이 포함된 개인유지 시간을 제외한 교제 및 여가 활동에 보내는 시간이 7시간 1분으로 가장 많은 것으로 나타났다〈표 4〉. 또한 평일보다는 주말에 교제 및 여가 활동을 위해 보내는 시간이 많은 것으로 보고되었다.

〈표 4〉 65세 이상 노인의 생활시간

(단위: 시간, 분)

| | | 전체 | | | 평일 | | | 토요일 | | | 일요일 | |
		남	여		남	여		남	여		남	여
전체	24:00	24:00	24:00	24:00	24:00	24:00	24:00	24:00	24:00	24:00	24:00	24:00
개인유지	11:16	11:16	11:15	11:15	11:17	11:15	11:15	11:12	11:18	11:17	11:17	11:17
일	1:53	2:25	1:32	1:57	2:28	1:36	1:56	2:32	1:31	1:33	2:04	1:11
가정관리	2:05	0:47	2:57	2:09	0:48	3:00	1:58	0:43	2:52	1:55	0:44	2:43
가족 보살피기	0:14	0:12	0:15	0:14	0:11	0:15	0:14	0:14	0:14	0:15	0:13	0:16
참여 및 봉사활동	0:04	0:03	0:04	0:04	0:04	0:05	0:03	0:03	0:03	0:02	0:02	0:02
교제 및 여가활동	7:01	7:38	6:36	6:53	7:31	6:28	7:10	7:43	6:46	7:33	8:08	7:08
이동	1:11	1:22	1:03	1:11	1:24	1:03	1:06	1:16	0:58	1:12	1:18	1:08
기타	0:17	0:16	0:18	0:17	0:16	0:18	0:17	0:16	0:18	0:15	0:14	0:15

2004 생활시간조사보고서, 통계청(2005)

특히, 노인의 성별에 따라 교제 및 여가 활동에 할애되는 시간이 다르게 나타났는데, 남성노인은 여성노인에 비하여 교제 및 여가 활동에 1시간 2분, 일에 53분을 더 많이 쓰는 것으로 나타난 반면, 여성노인은 가정관리에 남성노인보다 2시간 10분 더 많은 시간을 사용하는 것으로 나타났다.

(2) 주말 및 휴일의 여가활용

통계청의 '2004년 사회통계조사보고서'에 의하면 65세 이상 노인인구의 주말 및 휴일의 주된 여가활용방법은 TV 시청(58.0%), 휴식 또는 수면(57.1%), 가사(35.7%) 순으로 나타나 선행연구를 통하여 보고되어 온 한국 노인의 수동적이고 제한적인 여가활용 실태를 확인할 수 있었다〈표 5〉. 남성노인은 TV 시청(60.2%), 휴식-수면(58.8%), 사교 관련(28.6%) 순으로 여가를 활용하였고, 여성노인은 TV 시청(56.5%), 휴식, 수면(55.9%), 가사(45.0%)의 순으로 여가 활동을 많이 하는 것으로 나타났다. 반면, 컴퓨터 활용(18.9%), 여행(12.4%), 스포츠(9%), 문화예술관람(8.2%), 자기계발(4.3%)의 여가활용은 상대적으로 낮은 수준에 머물러 있었으며, 특히 여행, 스포츠, 컴퓨터 활용 부문 등 대부분의 영역에서는 남성노인에 비해 여성노인의 활용도가 현저히 낮게 나타나 여가활용방법에 대한 남녀 성 차이가 두드러짐을 알 수 있다.

〈표 5〉 주말 및 휴일의 여가활용방법

(단위: %)

2004	TV 시청	여행	문화예술관람	스포츠	컴퓨터 게임 PC통신	자기계발	사교관련	가족과함께	가사	휴식수면	기타
전체	56.7	12.4	8.2	9.0	18.9	4.3	30.0	24.7	32.9	50.7	10.7
65세 이상	58.0	4.5	0.5	4.4	0.6	0.5	27.3	15.8	35.7	57.1	8.4
남자	60.2	8.5	0.7	8.7	1.3	0.9	28.6	17.0	21.7	58.8	8.5
여자	56.5	1.9	0.4	1.6	0.2	0.2	26.4	15.0	45.0	55.9	8.3

자료: 2004년 사회통계조사보고서, 통계청(2005)

(3) 노후생활 활용계획

노후의 시간 활용계획은 소득창출이 33.0%로 가장 많았고, 다음은 취미 활동(29.5%), 자원봉사(15.0%), 종교(9.3%), 아무것도 하지 않음(7.8%) 순으로 나타났다. 남성노인의 경우 소득창출이라고 답한 비율이 44.3%로 여자 26.9%보다 17.4% 높은 반면, 여자는 자원봉사와 종교 활동에 응답한 비율이 18.4%와 11.5%로 남자보다 각각 9.7%, 6.2% 높았다. 이는 경제활동에 따른 역할로서 자아를 인식하는 남성들의 사회화를 반영하는 것으로 볼 수 있다. 한편, 연령이 높을수록 아무것도 하지 않음이라 응답한 비율이 높아, 65~74세는 24.6%, 75세 이상은 51.0%에 달하여 초고령층 노인을 대상으로 하는 여가활용 및 문화 복지 서비스의 제공이 시급함을 알 수 있다.

3) 한국 노인의 여가 활동 실태에 따른 문제점

한국보건사회연구원에서 실시한 「전국 노인생활실태 및 복지욕구조사」 결과에 따르면, 현재 65세 이상의 노인세대는 적극적인 여가 활동을 실천하고 있지 못한 것으로 나타났다. 이들의 대부분은 평생교육 프로그램의 참여나 자원봉사 활동, 컴퓨터 및 인터넷 활용과 같은 활동보다는 TV 시청이나 가족과 시간을 보내는 소극적인 활동으로 노후시간을 보내고 있으며 이를 통해 즐거움(보람)을 느끼고 있는 것으로 나타났다. 한편, 자원봉사(0.9%), 학습 활동(0.4%), 문화생활(0.3%) 등에 참여하고 있는 노인의 비율은 매우 낮았다. 특히, 여가 활동의 수단이 될 수 있는 컴퓨터와 인터넷을 활용할 수 있는 노인은 전체의 0.2% 정도로 매우 저조한 활용도를 보였으나 응답자의 절반 정도가 향후 이용 필요성을 느끼고, 1/3 정도의 노인은 향후 정보화 교육 의향이 있는 것으로 나타났다. 이는 노년기에 새로운 활동을 하거나 교육을 받고 기술을 습득하는 것은 쉬운 일은 아니지만 점차적으로 노인들이 사회의 변화에 적응하고 적극적 여가를 활용할 수 있기를 희망하는 것을 반영한다고 볼 수 있다.

〈표 6〉 노인이 가장 즐거움을 느꼈던 활동

구분	전체	연령		
		65~69세	70~74세	75세 이상
가족과 함께하는 일 (외식, 쇼핑, 주말농장 등)	29.8	30.4	30.4	28.5
사교 활동 (친구 만남, 친가 방문, 동호회 모임 등)	21.7	22.0	22.2	20.8
특별히 없음	11.6	8.5	11.7	15.7
TV 시청, 라디오 청취, 신문 보기	9.5	7.3	11.6	10.2
여행(관광, 등산, 낚시, 답사 등)	**5.8**	**8.8**	**4.6**	**3.2**
종교 활동	5.1	4.6	4.2	6.8
바둑, 장기, 화투 등	3.0	2.8	2.4	3.9
자녀 및 손자녀 양육	3.0	3.5	2.9	2.5
스포츠 활동 (게이트볼, 수영, 체조, 축구, 산책 등)	**2.7**	**4.0**	**2.2**	**1.7**

기타	2.4	2.7	2.3	2.1
서예, 독서, 그림 그리기, 종이접기, 공예 등	1.4	1.5	1.3	1.4
건전가요, 시조, 장구, 풍물 등	1.2	1.2	1.2	1.0
사회(자원)봉사활동	**0.9**	**1.2**	**0.9**	**0.4**
집안일 하기	**0.8**	**0.5**	**0.9**	**1.2**
학습 활동(영어, 한문, 교양강좌 등)	0.4	0.3	0.6	0.3
영화 감상, 연극, 운동경기 관람 등	0.3	0.5	0.2	0.1
컴퓨터 또는 인터넷 활용	0.2	0.2	0.2	0.1

한편, 전체 조사대상자의 11.6%가 즐거움(보람)을 느꼈던 활동이 "특별히 없다"라고 응답하여 다수의 노인이 무료하게 여가를 보내는 것으로 나타났다. 이러한 현상은 고령층의 노인일수록 더욱 심각하게 나타나, 노인을 '비생산적'이라 여기는 부정적인 인식을 심화시킬 뿐 아니라 활동적인 노년상을 정립하는데 어려움을 주고 있다.

노인들의 대표적인 여가 수단은 대중매체임이 확인되었다. 노인들의 여가활용에 있어 높은 미디어(TV) 이용률은 노년층의 신체적·사회적·경제적 특성과 관련된다. 노인들은 신체의 노쇠화로 인한 '감각적 퇴보(sensory deterioration)'가 나타나기 때문에 다양한 미디어 중 시청각을 동시에 자극하는 TV를 선호하는 경향이 있다. 사회적 관점에서 보면, 노인들의 연령 증가와 TV, 라디오, 신문의 활용시간이 비례관계를 나타내는 것은 고령층이 될수록 할 일이 없기 때문이며, 가족 및 사회적 상호작용이 감소하여 발생하는 외로움과 소외를 극복하기 위해 미디어를 이용하게 된다고 할 수 있다. 하지만 가장 큰 문제는 신체 활동과 관련이 있는 여행(관광, 등산, 낚시, 답사 등)이 5.8%, 스포츠 활동(게이트볼, 수영, 체조, 축구, 산책 등)이 2.7%, 사회(자원)봉사활동이 0.9%, 그리고 집안일 하기가 0.8%로 다른 요인에 비해 높지 않다는 것이다. 미디어를 이용하거나 컴퓨터를 활용한 여가 활동도 중요하지만 기능적 신체와 독립적 생활을 위해서는 계절에 따라 실천할 수 있는 다양한 신체 활동을 포함한 여가 활동을 수행해야 할 것이다.

38세부터 재미를 위해 테니스를 즐겨온 현재 65세의 A 씨는 "주말마다 단식이든 복식이든 친구들과 테니스를 즐기고 있으며 파트너 중 가장 젊은 친구는 16세이다. 지금도 테니스를 사랑하고 평생 하기 원할 뿐이다"라고 한다. 또한 89세로 정년퇴직하신 교수님의 경우에는 65세에 스키를 시작하여 지금까지 매년 슬로프에 올라가고 있다는 것이다. 노인에게 스키는 위험하고 어려운 스포츠라고 생각하겠지만 자신의 신체적 능력을 어떻게 유지하느냐에 따라 불가능한 것만은 아닌 것이다.

2 | 시작을 준비하자!

운동과 신체 활동을 할 때 "왜"라는 질문을 하게 된다. 이러한 이유는 선택한 운동 형태에 따라 움직임과 효과가 다르게 나타나기 때문이다. 하지만 대부분 사람에게 운동을 하는 이유를 물으면 가장 일반적인 대답은 재미와 인간관계라고 말한다.

운동을 시작하기 위해서는 체력요소에 따른 운동의 분류가 필요하며, 체력요인에는 심폐지구력, 근력, 균형능력, 그리고 유연성이 있다. 하지만 노인에 있어서는 각 체력요인을 독립된 요인으로 해석하기보다는 전체적으로 이해하는 것이 중요하다. 예를 들어, 심폐지구력 운동을 수행하는 과정은 근력을 향상시키는데 도움을 주고 근력 운동은 균형능력을 향상시키는 결과를 가져올 수 있기 때문이다. 주요 체력요인인 심폐지구력, 근력, 균형, 그리고 유연성에 따른 운동은 다음과 같이 설명할 수 있다.

1) 심폐지구력 Endurance

심폐지구력 또는 유산소운동은 노인들의 호흡수와 심박수를 안정적으로 유지 혹은 증가시켜 준다. 이러한 운동들은 건강을 유지하는데 도움을 주고 체력을 향상시키며 일상생활에서 요구되는 작업 수행능력을 증진시킨다. 심폐지구력 향상을 위한 운동은 심장과 폐를 포함한 순환계의 건강을 향상시켜 준다. 또한 당뇨, 대장, 그리고 유방암, 심장질환 등과 같은 노인성 질환을 지연시키거나 예방할 수 있다.

2) 근력 Strength

노인에 있어 근력의 작은 변화는 계단 오르기와 시장 보기와 같은 일상생활을 수행하는데 커다란 변화를 가져올 수 있다. 기본적으로 자신의 체중을 이용한 자기 체중 부하운동(weight bearing exercise)을 시작할 수 있으며, 근력을 향상시키기 위해 중량을 이용한 중량운동 혹은 다양한 소도구를 이용한 저항운동을 할 수 있다.

3) 균형 Balance

균형능력은 노인들에게 빈번하게 발생하는 낙상을 예방하기 위한 중요한 요인이며, 대부분의 하지 근력 개선과 관련이 있으며 균형능력을 향상시키는데 도움이 된다.

4) 유연성 Flexibility

유연성은 규칙적인 신체 활동뿐만 아니라 일상생활의 자연스러운 동작을 유지할 수 있도록 도움을 주고 신체 활동이나 운동 시 발생할 수 있는 부상도 예방하도록 도와준다.

"사실 내 안에는 모든 나이가 다 있지.
난 3살이기도 하고, 5살이기도 하고,
37살이기도 하고, 50살이기도 해.
그 세월을 다 거쳐 왔으니까……."

– 『모리와 함께한 화요일』 중에서 –

제4장

나의 체력은
어떻게 알 수 있나요?

우리가 흔히 말하는 노화란 출생과 발육을 거쳐서 노쇠기에 들어가는 것을 말하는데, 노쇠기에는 달력상의 연령과 생리학적 연령과의 불일치가 나타나게 된다. 즉, 실제적 연령과 건강 체력 나이가 동일하지 않다는 것이다. 노인들의 체력은 일상생활을 독립적으로 할 수 있는 수준으로 유지하는 것이 목적이며 삶의 질에 있어서 매우 중요하다.

노화가 진행됨에 따라 체력이 저하되어 질병의 위험요소가 증가하고 생활에 불편함이 생기는 등 여러 가지 영향을 미친다는 것은 잘 알려진 사실이다. 이러한 대부분의 문제는 적당한 신체 활동을 증진시키면 예방할 수 있다는 것을 알면서도 실질적으로 운동습관을 갖기가 쉽지 않다. 그 이유는 무엇보다 자신의 신체능력을 정확히 알지 못하고 어떤 운동을 어느 정도로 해야 하는지 잘 모르기 때문이다.

만약 일상에서 자신의 능력을 간단한 방법으로 판단해볼 수 있다면, 구체적인 목적을 가지고 효율적인 운동요법을 선택할 수 있을 것이다. 따라서 특별한 장소나, 고가의 장비가 없이도 간단하게 체력을 측정할 수 있는 방법과 그 체력수준에 대해 알아보고 자신의 운동능력을 평가해보는 것이 필요하다.

최근 노인들의 체력검사를 전문적으로 측정해주는 대학연구소가 있지만 대중화되어 있지 않고 전문노인병원에서는 거주 혹은 회원만을 위한 서비스를 제공하고 있어 아직까지 많은 노인이 측정하고 평가받는 것은 제한적이다. 노인들의 운동참여 확대를 위해서는 대학연구소나 시도 보건소에서 노인 체력을 측정할 수 있는 프로그램이 활성화되어야 할 것이다.

노인들의 체력을 측정하기 위한 방법 중 아령 들기는 상완근력을 평가하는 방법으로, 일정한 무게의 아령(남: 3kg, 여: 2kg)을 들고 30초 동안 팔꿈치를 굽히고 펴기를 반복하여 18~22회 이상이면 평균이다. 의자에 앉았다 일어서기는 하지 근력을 평가하는 방법으로, 30초 동안 총 17~19회 이상이면 평균이다. 어깨 위아래로 굽히기(등 긁기)는 어깨 유연성을 측정하는 것으로 등 뒤에서 양어깨의 간격이 9~13cm가 평균이다. 2분 걷기는 좁은 장소에서도 실시할 수 있는 유산소성 능력측정의 대안으로, 2분간 84~87회이면 평균이다. 마지막으로 2.45m 돌아오기는 순발력, 스피드, 민첩성, 그리고 동적 평형 등을 평가하는데 의자에서 일어나 2.45m 떨어져 있는 표적을 돌아 의자로 돌아오는 시간을 측정하고 5.20~5.41초면 평균이다. 이러한 방법을 통해 자신의 체력을 확인하고 만약 2분 걷기와 2.45m 돌아오기가 부족하다면 지속적인 걷기를 통해 심폐지구력과 이동능력을 개선할 수 있을 것이고, 어깨 유연성은 스트레칭을 통해 해결해야 하며, 상체 근력이 부족하다면 벽 대고 팔굽혀펴기를 통해 개선할 수 있을 것이다.

1 ┃ 노인운동검사(SFT: Senior Fitness Test)

노인운동검사를 개발하기 위해서 신체적 기능과 관련된 운동의 특징을 확인하는 것이 중요하고, 이러한 특징을 평가하기 위한 타당한 검사방법을 선택해야 한다.

1) 노인운동검사의 개념

노인운동검사는 개발하는 과정에서 신체 활동의 기능과 건강 상태를 고려하였다. 신체기능은 (1) 병/병리학, (2) 생리적인 악화, (3) 기능적인 제한 그리고 (4) 장애의 순으로 진행되고, 질병과 부상 또는 비활동성은 생리적인 악화(근육계, 순환계, 신경계)를 초래하고, 생리적인 악화는 점차 의자에서 일어나기, 들기, 계단 오르기 같은 신체적인 행동의 제한과 같은 기능적 제한을 가져오고 혼자 목욕하기, 집안일, 쇼핑과 같은 일상생활 수행이 불가능한 장애를 초래한다〈그림 3〉.

〈그림 3〉 무능력/장애 모델(Nagi, 1991)

또한 전통적으로 질병(병리적 문제)이 장애를 초래하는 것으로 고려되어 왔지만 최근 비활동인 생활습관이 80~90세 노인들에게 위약함을 주는 가장 큰 원인이라는 것을 알 수 있다〈그림 4〉.

〈그림 4〉 Disability model amended: 무능력/장애 모델 수정

많은 연구에서 신체적인 비활동은 장애의 요인으로 만성질환의 기준과 증가된 신체 활동이 비교적 건강한 사람들뿐만 아니라 만성질환을 가지고 있는 사람들에서도 높은 관련성이 있다고 제시하고 있다. 또한 체력검사는 병이나 노화 등에 의한 신체 기능의 감소는 적절한 평가와 운동 처치를 통해 개선될 수 있다는 점에서 중요하다.

〈표 7〉 체력요인에 따른 신체 기능(Rifli & Jones, 1999)

신체변수	신체기능	활동 목적
근력/근지구력 유산소성 지구력 유연성 운동능력 – 파워 – 스피드/민첩성 – 균형능력 신체구성	걷기 계단 오르기 의자에서 일어서기 들어올리기/뻗치기 구부리기/굽히기 조깅/달리기	자기 관리 쇼핑/심부름 가사노동(Housework) 정원관리(Gardening) 스포츠 여행
신체적 손상	기능적 제한	감소된 능력

비록 신체 활동이나 운동을 노년기에 시작하여도 신체기능(걷기, 의자 오르기 등)뿐만 아니라 향상된 체력(근력, 지구력)을 가져올 수 있다〈표 7〉.

2년 동안의 운동 프로그램을 지속하여 걷기, 의자 앉았다 일어서기 그리고 자전거 타기 등과 같은 관련된 운동의 향상을 가져왔으며, 신체 활동의 감소(질환과 비활동성)를 제공하고 위약함을 유발하는 원인을 효과적으로 예방하고 관련된 체력요인의 측정방법을 제공하는데 도움이 된다고 하였다(McCartney, 1996).

2 | 노인운동검사 측정방법

1) 체력요인별 검사

노인운동검사를 개발하기 위해 신체의 기능적인 능력을 정의하고 관련된 체력요인을 검사하는 과정을 포함해야 하고 해당 요인은 아래와 같다.

① 근력(상체와 하체)
② 유산소 능력(심폐지구력)
③ 유연성(상체와 하체)
④ 민첩성/역학적인 균형

(1) 의자 앉았다 일어서기 검사(Chair stand test)

걷기, 욕조 혹은 자동차에서 내리고 타기와 같은 수많은 일상생활에서 필요한 하체 힘을 평가한다. 하지 근력을 유지하면 낙상의 위험을 예방할 수도 있다.

검사방법
30초 내에 앉았다 일어나기를 몇 번 반복하는지 측정하며, 양팔을 가슴에 교차시키고 가능한 한 하지근육을 주로 사용하도록 한 후 측정한다.

〈그림 5〉 의자에 앉았다 일어서기

(2) 아령 들기(Arm curl test)

캔, 가방, 그리고 손자나 손녀를 안아주는 데 연관된 활동이나 집안일을 수행하는 데 필요한 상체의 능력을 평가한다.

검사방법

남자는 5lbs(2.27kg), 여자는 8lbs(3.63kg)의 아령을 잡고 30초 내에 팔꿈치(이두근)를 굽히고 펴기를 반복한다. 손에 아령을 들고 충분히 편 상태에서 손바닥은 위로 향하게 하고 팔꿈치를 완전히 굽혔다가 펴는 동작을 30초 동안 최대로 빨리하도록 하여 측정한다.

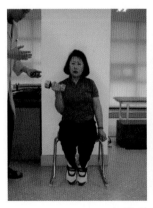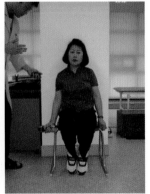

〈그림 6〉 아령 들기

(3) 6분 걷기 검사(6 Minute walk test)

산책하기, 계단 오르기, 쇼핑, 관광하기 등에 매우 중요한 유산소 능력을 평가한다.

검사방법

50yard(45.72m) 정도를 6분 동안 걷는 것이다. 규격을 일정하게 정하여 거리를 정하여 실시하여도 가능하다.

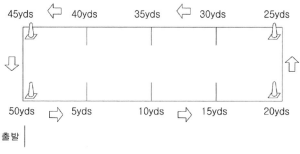

〈그림 7〉 6분 걷기

(4) 2분 걷기검사(2 Minute step test)

시간, 공간의 제한이 있거나 6분 걷기 검사가 불가능할 때 사용하는 유산소 능력검사의 대안이다.

검사방법

무릎을 굽혀 허벅지가 지면과 수평이 되도록 올리고 좌우 다리를 번갈아 2분 동안 가능한 한 반복하도록 한다.

〈그림 8〉 2분 걸음 검사

(5) 의자에 앉아 윗몸 앞으로 굽히기 검사(Chair sit and reach test)

욕조 이용하기, 자동차 승하차, 좋은 자세를 유지하고, 보행 습관에 매우 중요한 하체 유연성을 평가한다.

검사방법

하지의 대퇴직근 유연성을 평가하는 방법으로써 sit and reach의 변형된 방법이다. 의자의 앞쪽에 대상자를 앉히고 한쪽 다리를 구부리게 한 후 바닥에 발뒤꿈치가 닿도록 하고 반대 다리는 앞쪽으로 완전히 뻗게 하여 양손 끝을 모으고 가능한 한 앞으로 멀리 뻗도록 한다. 2번을 측정하고 좋은 기록(cm)을 기록한다. 이 방법은 바닥에 앉거나 서기가 불편하고 대퇴직근과 복근 등이 약해져 평지에 앉아 있기 어려운 문제를 해결하고 동시에 측정할 수 있다.

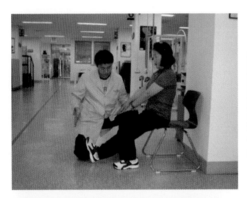
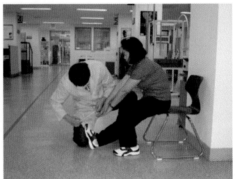

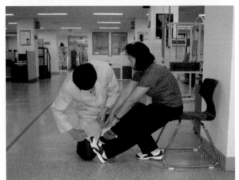

〈그림 9〉 의자에 앉아 윗몸 앞으로 굽히기

(6) 등 긁기 검사(Back scratch test)

머리 묶기, 상의 옷 입기 그리고 안전벨트 착용과 같은 동작과 관련된 상체(어깨)의 유연성을 평가하는 것이다.

검사방법

어깨관절의 유연성을 평가하기 위한 방법으로 등 뒤에서 양손의 가운데손가락 사이의 거리를 측정하며 양측 모두 2회씩 실시하여 좋은 기록을 0.1cm 단위로 기록한다.

〈그림 10〉 등 긁기 검사

(7) 2.45m 왕복 걷기(Up and go test)

버스 타고 내리기, 부엌일하기, 화장실 가기, 전화받기와 같은 빠른 행동이 필요한 동작에서 민첩성과 활동적인 균형능력을 평가한다.

검사방법

방향전환과 동적 평형 등을 평가할 수 있는 검사로 의자에서 일어나 2.45m 거리에 있는 표적을 돌아 가능한 짧은 시간에 의자로 돌아오는 시간을 측정하는 방법이다. 짧은 시간 내에 앉아 있던 자리에서 일어나서 2.45m에 떨어져 있는 반환점을 돌아오는 시간(sec)을 기록한다.

<그림 11> 2.45m 왕복 걷기

(8) 눈 뜨고 외발 서기(One leg balance with eyes open)

눈 감고 외발 서기의 변형된 방법으로 눈을 뜨고 양손을 허리 위에 올리고 시작과 동시에 검사하고자 하는 다리를 직각으로 든다. 중심을 잃거나 기울어져 발이 바닥에 닿을 때까지 시간(sec)을 기록한다.

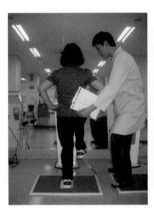

<그림 12> 눈 뜨고 외발 서기

3 | 자가 체력수준평가

운동 참여자는 자가 평가를 통해 운동 프로그램의 수준을 선택할 수 있다.

여러 가지 측정방법이 번거롭다면 아래의 간단한 방법을 자신에게 적용하고 단계를 파악해보자!

- 1단계 프로그램 대상자: 보행능력 유지에 어려움이 있거나 체력수준이 매우 낮은 경우
- 2단계 프로그램 대상자: 일상생활에 지장이 없지만 피로감을 쉽게 느끼거나 체력이 낮은 경우
- 3단계 프로그램 대상자: 일상생활에 지장이 없을 정도의 무난한 체력수준을 나타내는 경우

단계별 구분평가

1) 1단계/2단계 수준 구분 평가(Get up and go test)

검사방법

의자에 앉은 자세에서 팔의 지지 없이 일어서고 2.45m 정도 걷기를 하고 의자로 돌아온 후 팔의 지지나 도움 없이 의자에 앉는다.

〈그림 13〉 2.45m 왕복 걷기

〈표 8〉 연령대 노인의 2.45m 왕복하기(Women)

(sec)

% 순위	60~64	65~69	70~74	75~79	80~84	85~89	90~94
95	3.2	3.6	3.8	4.0	4.0	4.5	5.0
90	3.7	4.1	4.0	4.3	4.4	4.7	5.3
85	4.0	4.4	4.3	4.6	4.9	5.3	6.1
80	4.2	4.6	4.7	5.0	5.4	5.8	6.7
75	4.4	4.8	4.9	5.2	5.7	6.2	7.3
70	4.6	5.0	5.2	5.5	6.1	6.6	7.7
65	4.7	5.1	5.4	5.7	6.3	6.9	8.2
60	4.9	5.3	5.6	5.9	6.7	7.3	8.6
55	5.0	5.4	5.8	6.1	6.9	7.6	9.0
50	5.2	5.6	6.0	6.3	7.2	7.9	9.4
45	5.4	5.8	6.2	6.5	7.5	8.2	9.8
40	5.5	5.9	6.4	6.7	7.8	8.5	10.2
35	5.7	6.1	6.6	6.9	8.1	8.9	10.6
30	5.8	6.2	6.8	7.1	8.3	9.2	11.1
25	6.0	6.4	7.1	7.4	8.7	9.6	11.5
20	6.2	6.6	7.3	7.6	9.0	10.0	12.1
15	6.4	6.8	7.7	8.0	9.5	10.5	12.7
10	6.7	7.1	8.0	8.3	10.0	11.1	13.5
5	7.2	7.6	8.6	8.9	10.8	12.0	14.6

〈표 9〉 연령대 노인의 2.45m 왕복하기(Men)

(sec)

% 순위	60~64	65~69	70~74	75~79	80~84	85~89	90~94
95	3.0	3.1	3.2	3.3	4.0	4.0	4.3
90	3.0	3.6	3.6	3.5	4.1	4.3	4.5
85	3.3	3.9	3.9	3.9	4.5	4.5	5.1
80	3.6	4.1	4.2	4.3	4.9	5.0	5.7
75	3.8	4.3	4.4	4.6	5.2	5.5	6.2
70	4.0	4.5	4.6	4.9	5.5	5.8	6.6
65	4.2	4.6	4.8	5.2	5.7	6.2	7.0
60	4.4	4.8	5.0	5.4	6.0	6.5	7.4
55	4.5	4.9	5.1	5.7	6.2	6.9	7.7
50	4.7	5.1	5.3	5.9	6.4	7.2	8.1
45	4.9	5.3	5.5	6.1	6.6	7.5	8.5
40	5.0	5.4	5.6	6.4	6.9	7.9	8.8
35	5.2	5.6	5.8	6.6	7.1	8.2	9.2
30	5.4	5.7	6.0	6.9	7.3	8.6	9.6
25	5.6	5.9	6.2	7.2	7.6	8.9	10.0
20	5.8	6.1	6.4	7.5	7.9	9.4	10.5
15	6.1	6.3	6.7	7.9	8.3	9.9	11.1
10	6.4	6.6	7.0	8.3	8.7	10.5	11.8
5	6.8	7.1	7.4	9.0	9.4	11.5	12.9

2) 2단계/3단계 수준 구분 평가: 스텝 검사(Modified Harvard Step test)

검사방법

<그림 14> 스텝 검사

　약 30cm 정도 높이의 계단 혹은 상자를 이용하여 1분간 30회의 오르고 내리기 동작을 반복하여 3분간 수행하며, 박자는 동일하게 한다.

① 준비 시 차렷 자세로 박스 앞에 선다.
② 시작과 함께 오른쪽이나 왼쪽 발을 대에 올려놓는다. 이때의 동작을 '하나'라고 한다.
③ 또 다른 발을 박스 위에 교대로 올려놓는다. 이 동작을 '둘'이라고 한다.
④ 두발이 대 위에 올라갔으면 처음 대 위에 올려놓았던 발부터 내려놓는다. 이 동작을 '셋'이라고 한다. 마지막 발을 내려놓는데, 이때의 동작을 '넷'이라고 한다.
⑤ 이와 같은 동작을 반복실시 하는데 약 1분간에 30회 정도의 횟수로 한다. 즉, 하나에서 넷까지의 동작을 2초간에 실시하도록 한다.

Side Concern

일본 일상생활 활동 테스트 측정항목 및 방법

※ 측정항목 및 측정방법

◆ 악력
· 악력계의 지침이 밖을 향하도록 잡는다.
· 둘째손가락의 제2관절이 거의 직각이 되도록 폭을 조절해서 잡고 직립자세로 두 발을 벌려 선다.
· 좌우 교대로 2회씩 측정

◆ Sit-up
· 피검자는 매트 위에 누워 무릎을 세우고 두 손을 가슴에 댄다.
· 보조자는 두 발을 꼭 눌러준다.
· 시작 신호에 윗몸을 일으켜 팔꿈치를 무릎에 댄 후 다시 눕는다.
· 30초 동안 1회 실시 횟수를 기록한다.

◆ 장좌전굴
· 높이 24cm, 폭 22cm, 세로 30cm의 상자를 준비
· 피검자는 앉아서 양다리는 상자 사이에 끼고 양손을 펴서 측정대 위에 놓고 윗몸을 가능한 정도까지 앞으로 굽힌다.
· 2회 실시(cm)

◆ 외발 서기
· 양손을 허리에 대고 한 발을 들어 앞으로 내밀고 지면과 발바닥 사이의 거리는 5cm 정도를 유지한다.
· 120초간 2회 실시

◆ 10m 장애물 보행
· 가로 10cm, 세로 20cm의 장애물(6개) 준비
· 스타트라인에서 2m 간격으로 장애물 설치, 총 거리는 10m
· 스타트부터 마지막 종료까지의 소요시간
· 2회 실시

◆ 6분간 보행테스트
· 30m 이상 50m 이하 직선로 준비(5m 지점은 붉은색, 10m 지점은 흰색으로 표시)
· 측정자는 피검자가 보행 시 발바닥이 지면에 닿는지 체크
· 스타트에서 1분마다 소요시간 전달

국가마다 노인들의 체력요인을 평가하기 위해 측정방법들은 보유하고 있지만 측정방법도 유사한 경우가 많다. 무엇보다 중요한 것은 얼마나 실용적으로 적용하고 있는가이다. 우리나라의 경우 다양한 기능을 평가할 수 있는 측정방법이 부족할 뿐만 아니라 각 체력요인을 대표할 만한 통계지표가 부족한 것이 현실이다.

제5장

나의 일상생활은 어떠한가?

우리나라의 경우 1990년 8.9%에 머물렀던 65세 이상의 노인 중 '독거노인' 비율이 2000년에는 16.2%로 두 배 가까이 증가했다. 또 자녀와 떨어져 노부부만 사는 '1세대 가구' 비율도 90년 16.9%에서 2000년에는 28.7%로 늘어났다. 게다가 15~64세의 생산가능 인구가 부양해야 할 65세 이상 인구비율을 의미하는 노년부양비율도 2010년과 2020년에는 각각 14.9%와 21.8%를 기록하고, 2030년에는 37.3%에 달할 것으로 전망되고 있다. 이처럼 고령화 사회가 진전됨과 동시에 독자적 삶을 영위해야 하는 노인이 증가하고 있는 것을 알 수 있다. 노인독립은 단지 따로 나와 산다는 것에 국한되는 것이 아닌 이 외에 따르는 부수적인 요인들이 존재함을 인식해야 할 것이다.

　노인의 경제적 독립의 여부는 물론 기능적 생활 측면에서 독립이 현실화되지 않는다면 노인독립은 많은 문제를 야기하게 될 것이다. 따라서 노인들의 일상생활 수행 능력은 중요하게 되었으며 각자에게 공통되고 매일 반복되는 일련의 일상생활 활동은 개인이 자신의 환경 안에서 자립을 가능하게 하는 자기 유지, 이동, 의사소통, 가사 등의 활동으로 구분하고 있다.

　과연 노인들은 기본적인 일상생활을 하는데 불편함이 없는가? 생각해볼 문제이다. 일상생활 속에서 운동에 의한 에너지 소비량을 보면 50세 정도까지의 남성은 하루 300kcal이며 여성은 200kcal를 소비하고 있으나 50세 이상이 되면 노화와 함께 급격하게 감소하여 평균 60세에는 150kcal, 70세에 100kcal, 80세에는 100kcal 이하로 감소한다. 신체 활동량과 더불어 에너지 소비량은 일상생활에 영향을 미치는 중요한 요인이 아닐 수 없다. 활발하고 안전한 일상생활을 통해 신체 활동량이 증가하면 노화에 따른 운동 기능의 저하를 막을 수가 있으며, 일을 해도 피로가 적고 뿐만 아니라 빨리 걷거나 계단 오르기 등을 쉽게 할 수 있다. 또한 신체 활동량이 많은 노인은 손을 사용하는 작업의 능력도 높아 고령이 되어서도 생활에 필요한 기본적인 행동을 수행하는데 용이하다.

우리나라는 2008년부터 요양보험을 시행하고 있고 대상자의 객관적 판정이 필요하게 되었고 노인들의 특별한 의학적 치료나 의료 서비스의 제공 여부를 결정하는데 일상생활 능력이 중요하게 작용하게 되었다. 결과적으로 노인들이 일상생활 능력을 유지하는 것은 건강한 노후뿐만 아니라 경제적 측면에서도 긍정적인 결과를 가져올 것이다.

1 | 일상생활 기능 평가

현대사회에 들어서 노인인구가 급격히 증가함에 따라 수명연장의 중요성 못지않게 건강한 상태의 질적인 생활이 대단히 중요하게 인식되고 있으며, 국가나 사회의 보건복지 정책 차원에서 노인들의 독립적인 사회 및 가정생활은 노인인구의 증가와 더불어 중요하게 인식되고 있다. 또한 우리나라는 65세 이상의 노인 의료비가 전체 의료비에서 차지하는 비중이 21.3%이고 노인의료비 증가율이 전체 의료비 증가율의 2배에 가까운 현실이므로 노인 의료비를 절감할 수 있는 방안을 시급히 마련하여야 할 실정이다.

오늘날 우리나라의 질병 양상도 감염성 질환에서 만성 퇴행성 질환으로 변화되고 있으며, 이로 인한 질병의 변화는 고령화 시대를 준비하는데 가장 중요한 과제가 되고 있다.

65세 이상 고령인구의 증가는 전체 인구의 노년기를 연장하는 결과를 가져왔으며, 70% 노인이 일상생활의 불편을 겪고 있으며, 노인의 잠재적인 삶의 질을 위협하고 있다. 노인의 신체적·정신적 기능의 감소와 더불어 경제적·사회적 활동이 감소하여 독립적이지 못하고 의존성을 보이게 되는 것이다.

나이가 들면서 정신적인 면에서도 여러 가지 변화가 일어난다. 변화에 잘 적응하지 못하게 되면 정신적 긴장이 높아지게 되고 이러한 심리적 노화현상으로 축적된 경험에 의한 행동, 지각기능, 자아에 대한 인식 등이 시간의 변화에 따라 명백해진다. 특히, 정신기능의 변화로는 지적 능력의 감퇴, 감각기능의 감퇴, 감정 반응의 둔화, 인격의 변화, 우울 경향의 증가 등이 있다. 신체 기능적 측면에서 독립적으로 생활할 수 있는 기능적 독립(functional independence)의 유지는 삶의 질을 추구하는 측면에서 매우 중요하다. 의학을 포함한 과학의 발전에 따른 환경의 개선으로 인간의 수명은 연장되었지만, 그와 동시에 또한 여러 형태의 질병 및 만성적 신체기능 저하를 겪으면서 힘들게 살아가는 사람들이 많아지게 되었다. 결과적으로 많은 사람이 신체적 장애를 안고 살아가는 세월이 길어질 가능성이 높아지게 되었으며 이것이 또한 고령사회의 피치 못할 결과를 가져올 것이다.

21세기 고령화 사회로의 진입에 국내 및 국외의 연구기관들에서 노인의 건강과 관련한 많은 연구가 진행되고 있다. 특히, 노인들의 건강한 삶을 영위하고자 노인 관련 질병, 낙상, 생활능력 등의 포괄적이며 세부적인 방향에서 연구가 진행되고 있다.

기능적 생활의 독립은 노인들 삶의 질에 있어 매우 중요한 부분이고 이에 대한 연구도 여러 가지 측정방법을 사용하여 진행되고 있으며, 적절한 측정평가를 통하여 노인의 삶을 더욱 효과적으로 개선시킬 수 있을 것이다. 하지만 노인들의 일상생활 능력과 독립생활의 정도를 평가하거나 측정할 수 있는 조사도구들이 활용되고 있음에도 불구하고 실질적이고 정확한 판단 기준을 제시하는데 한계를 드러내고 있는 것도 사실이다. 현재 가장 많이 사용되고 있는 설문지 질문법은 노인들의 일상생활에 대한 기능적 차이의 변화를 구분하기에는 미흡한 측면이 있으며, 기능변화에 따른 판단 근거와 동기 부여가 미흡한 실정이다.

노인의 독립적인 일상생활 수행은 그들의 건강 및 신체적 기능, 그리고 나아가 삶의 만족과 관련성이 매우 높다. 뿐만 아니라 노화를 성공적으로 이끌게 되므로 노인의 일상생활 활동 정도를 평가하여 독립된 생활을 유지할 수 있도록 지원하는 것이 중요하다.

일상생활 동작을 평가하는 의의는 첫째, 노인의 전반적인 건강 상태를 평가하고, 둘째, 보존되어 있는 기능과 소실된 기능을 찾아내고 소실된 기능에 대해서는 그 정도를 측정하며, 셋째, 재활이나 치료 프로그램의 목표를 설정하는데 기초 자료나 지표로 이용할 수 있기 때문이다. 아울러 일상생활 동작을 주기적으로 평가하여 임상경과를 비교할 수 있고, 간병인이나 가족교육에도 이용될 수 있어서 노인의 일상생활 수행능력을 평가하는 일은 매우 중요하다.

따라서 노인들의 일상생활에 대한 보다 정확하고 객관적인 평가도구를 개발하고 활용하는 일은 매우 중요하다. 바람직한 일상생활 평가도구는 노인의 상태를 객관적으로 파악해야 하고, 지속적인 재평가 과정으로 상태의 변화를 알아낼 수 있어야 하며, 기능적 상태를 가족, 의사 등 기타 사람들에게 알려주는데 도움을 줄 수 있어야 한다.

지금까지 개발된 노인의 일상생활 활동 정도를 객관적으로 평가하는 측정도구 중에서 가장 많이 이용되고 있는 것은 일상생활동작(ADL: Activities of Daily Living) 측정도구가 있다.

ADL(Activities of Daily Living)이란 일상생활 속에 필요한 모든 동작으로서 인간 각 개인이 하루하루 생활을 영위하는데 절대 필요한 동작군의 총칭이며, 개인이나 가정 생활뿐 아니라 사회 구성원의 하나로서 사회와의 관련을 가지고 생활하기 위해 필요한 모든 동작을 의미한다.

현재 우리나라에서 사용되는 일상생활 평가도구는 사회적·문화적 행태가 다른 서양의 것을 그대로 혹은 부분적으로 변형하여 사용하고 있어서, 환경이나 문화적 차이를 반영한 항목을 고려하지 않고 있는 경향이 있다. 그리고 고령자의 생활기능 측정 항목은 연구에 따른 목적, 연구 대상자의 상태에 따라 다르게 구성되어 있어서 국내 고령자 집단 간의 비교가 용이하지 않으며, 나아가서는 국가 정책 수행 시 객관적인 실태 비교가 되지 않는 한계가 있다.

기능평가에서 기능이라는 단어는 재활분야에서 노인의료보장제도와 의료부조제도 서비스의 조절을 위한 센터에서 많이 활용되고 있다. 기능적 평가의 중요성은 대상자의 독립과 기능적 결과와의 관계뿐만 아니라 기능적 결과에 기초하여 치료의 시작과 끝을 알게 하는 것이기 때문이다. 예를 들어, 근력측정결과가 정상이라 할지라도 독립적으로 욕조에 들어가고 나올 수 없을 경우에는 정상이라고 볼 수 없다. 근력과 기능측정의 조화는 원인과 결과를 평가할 때 매우 유용하다.

노화와 관련된 생리적 기능(physiological capacities)의 상실은 신체적 기능(physical function)의 저하로 나타나며 생리적 기능의 향상을 위한 운동을 해도 독립생활을 하는 노인에게서 나타나는 기능적 변화는 일반적인 일상생활 기능 측정으로는 잘 나타나지 않는다.

이와 달리 선진국은 보다 구체적인 측정방법을 창안하여 수치화된 측정을 통해 노인의 생활기능측정에 효과적으로 접근하고 있으며 그 대표적인 방법을 살펴보면, 미국의 M. Elaine Cress에 의해 개발된 CS-PFP Test(The Continuous Scale Physical Functional Performance)를 들 수 있다. 이는 타당도와 신뢰도의 검증을 거쳐 발전해왔으며, 신체기능의 변화를 세밀하게 측정할 수 있는 방법으로 각 요소의 신체기능 측정이 가능하며 결과 수치의 상하 측정 범위가 넓어 노인들의 다양한 신체적 생활기능 측정에 적합한 것으로 나타난다. 또한 신체 훈련을 통하여 노인들의 독립생활을 위한 실제 생활기능 측면의 미세한 변화도 측정 가능하다. 하지만 이 검사방법도 미국 노인들의 체형과 특성을 고려하였기에 아직까지 동양인에 적용하기에는 수정해야 할 부분들이 있고 최근 진행되고 있는 노인 장기요양보호에 관련하여 평가의 공정성과 수급대상자의 등급판정 및 급여에 대한 불만들이 발생하지 않도록 도구의 타당성과 신뢰성이 높은 평가도구가 개발되어야 할 것이다.

2 | 신체기능 수행력 검사

국가마다 노인들의 일상생활 능력을 평가하는 방법들이 있고 가장 실질적인 방법이 있어 소개하고자 한다. 한국형 평가도구개발을 위한 시도과정에서 미국 University of Georgia의 M. Elaine Cress 교수를 직접 만나 교육을 받을 수 있는 기회가 있었다. 많은 시간 동안 시행착오를 경험하면서 각 체력요인과 일상생활을 적용한 CS-PFP Test(The Continuous Scale Physical Functional Performance)를 개발하였다고 한다. CS-PFP-Test는 노인들의 일상생활에서 생활능력을 측정하기 위해 일상생활 동작 체력요인을 구분하여 16가지 항목으로 구성되었다. 그 이후 지속적인 연구를 통해 더욱 효율적인 검사방법으로 발전시켜 운동 강도에 따라 10가지 항목으로 구분하였으며, 저강도 4가지, 중강도 3가지, 고강도 3가지로 나누어 재분류하여 PFP-Test로 재설정하였다. 각 항목에 대한 평가방법과 기준에 대한 근거는 Elaine Cress 교수가 보유하고 있으며, 각 측정방법이나 평가는 Elaine Cress 교수에 의해 교육을 받을 수 있다. 한국형 일상생활기능평가도구 개발을 위해 수도권 특성화 대학 연구과제에 적용했던 측정방법을 아래와 같이 제시하였다.

1) 저강도

(1) 부엌일하기(Weight carry)

부엌일하기는 음식을 하는 동작을 통해 대상자의 상체 근력을 평가하기 위한 방법이다.

 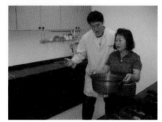 

〈그림 15〉 부엌일하기

측정방법

① 대상자는 싱크대 위에 놓여 있는 냄비에 자신이 옮길 수 있는 최대한 무게의 모래주머니를 넣어 옮길 준비를 한다. 첫 번째 과정은 기록자가 냄비의 무게를 측정한다. 단, 30kg을 넘지 않도록 한다(모래주머니는 중량별로 미리 준비하여 선택하도록 한다).

② 대상자는 차렷 자세에서 준비하고 검사자의 신호를 기다린다.

③ 검사자가 '시작'이란 신호와 함께 싱크대 위에 있는 냄비를 들고 선반 위로 옮긴다.

④ 냄비를 내려놓은 후 대상자가 차렷 자세를 취하면 종료한다.

⑤ 기록자는 종료까지의 시간(sec)과 무게(kg)를 기록한다.

주의사항

검사자는 대상자에게 시작과 종료 시 차렷 자세를 취해야 함을 숙지시킨다.

(2) 상의 옷 입기(Jacket)

상의 옷 입기는 대상자의 상체 유연성을 평가하기 위한 방법이다.

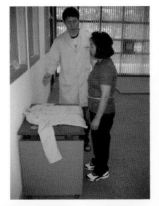

〈그림 16〉 상의 옷 입기

측정방법

① 준비된 사이즈 중 검사자는 대상자에게 맞는 사이즈의 재킷을 골라준 후 침대 위에 놓는다.

② 대상자는 침대 앞에 서서(준비자세: 어깨너비 간격으로 다리를 벌리고) 재킷을 들어 입는다('재킷을 완전히 입는다'의 상황을 한 번 더 확인한다).

③ 재킷을 다 입으면 검사자가 '벗으세요'라고 말해주면 재킷을 제자리에서 벗는다.

④ 종료 시점은 한쪽 팔이 빠지고 두 번째 팔이 두 번째 소매통에서 완전히 빠지는 시점을 기준으로 한다.

⑤ 기록자는 시작과 종료까지의 시간(sec)과 사이즈(S, M, L, XL, 2XL)를 기록한다.

주의사항

종료 시점은 검사자가 측정 시 주의 깊게 관찰하여 파악한다.

(3) 선반 위 물건 옮기기(Shelf reach)

선반 위아래로 물건 옮기기는 위아래로 이동할 수 있도록 제작된 장비를 이용하여 대상자의 상체 유연성과 평형성을 평가하기 위한 방법이다.

〈그림 17〉 선반 위 물건 올리기

측정방법

① 선반(reach)이 위아래로 이동할 수 있게 제작된 장비를 이용하여 대상자 스스로 자신의 발이 바닥에 편평하게 있는 상태에서 두 손을 이용하여 최대한 높이 reach를 밀어 올린다(첫 번째 높이 측정).

② 대상자 스스로 스펀지를 reach 선반 위에 올려놓고 다시 집어 내릴 수 있는지 본다. 이때 벽에 기대거나 발뒤꿈치를 들어도 상관없다.

③ 대상자가 스펀지 옮기는 것이 가능하면 "좀 더 높일까요?"라고 물어본 후 검사자가 1cm씩 reach를 올려주면서 최대로 스펀지를 옮길 수 있는 높이까지 올린다.

④ 만약 너무 높다고 하면 1cm씩 내린다.

⑤ 기록자는 처음 측정한 높이(cm)와 최대 측정한 높이의 정확한 거리(cm)를 기록한다.

(4) 바닥 물건 잡기(Scarves)

바닥 물건 잡기는 하지 근력을 평가하기 위한 방법으로, 부가적으로 협응성과 균형 능력을 평가할 수 있다.

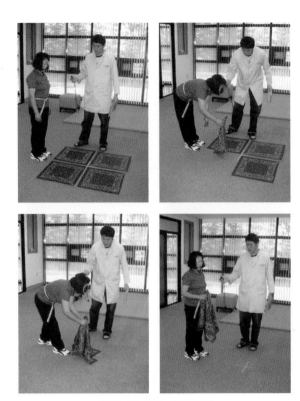

<그림 18> 바닥 물건 잡기

측정방법

① 검사자는 피험자의 앞에 정확하게 4개의 스카프를 2행 2열의 형태로 바닥에 놓는다.

② 대상자는 차렷 자세에서, 정면으로 스카프를 보고 선다.

③ 검사자가 '시작' 하면 대상자는 각각의 스카프를 줍는다.

④ 양손을 다 사용해도 상관없으나, 한 개씩 스카프를 잡아야 한다.

⑤ 대상자가 마지막 스카프를 줍고 난 후, 다시 차렷의 자세로 돌아오면 종료한다.

⑥ 기록자는 종료까지의 시간(sec)을 기록한다.

주의사항

종료 시점은 대상자의 위치나 위치의 이동과 상관없으나 차렷 자세로 돌아올 수 있도록 주의시킨다.

2) 중강도

(1) 바닥 청소하기(Floor sweep)

바닥 청소하기는 하지 근력을 평가하기 위한 방법이고 민첩성을 부가적으로 균형능력과 협응성을 평가할 수 있다.

〈그림 19〉 바닥 청소하기

측정방법

① 검사자는 시리얼을 150cm×122cm 블록에 뿌려놓는다(시리얼의 정확한 크기 요망).

② 빗자루와 쓰레받기를 정해진 위치에 놓는다(빗자루는 벽에, 쓰레받기는 카운터 위에 놓아둔다). 이때 피험자와 나란히 있어야 한다.

③ 검사자가 '시작' 하면 대상자는 지정한 위치에 뿌려놓은 시리얼을 최대한 빨리 쓰레받기에 넣는다. 이때 대상자는 이동하거나 앉아서 쓸어 넣어도 상관없다.

④ 빗자루는 처음에 위치했던 벽에 기대어 세워놓고, 쓰레받기는 카운터에 올린다.

⑤ 종료는 쓰레받기가 카운터에 올라간 시간(sec)까지 기록하면 된다.

(2) 세탁하기 1(Laundry 1)/세탁하기 2(Laundry 2)

세탁하기는 상하지 근력을 평가하기 위한 방법으로, 민첩성을 부가적으로 평가할 수 있다. 미국식은 세탁기와 건조기가 분리되어 있는 세탁기를 사용하는 경우를 설명하고 있지만 최근 국내형 드럼 세탁기의 경우 동작을 연결해서 진행해도 된다.

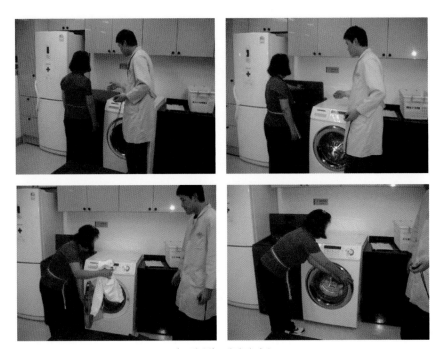

〈그림 20〉 세탁하기 1

측정방법

① 대상자는 세탁기의 앞에 서 있는다.

② 검사자가 '시작' 하면 대상자는 세탁기의 문을 열고 옷가지와 모래주머니를 꺼내어 건조기로 옮긴 후 건조기의 문을 닫는다(허약한 대상자는 건조기의 문을 여는 연습을 한다).

③ 기록자는 건조기의 문을 닫을 때까지의 시간(sec)을 기록한다. 이때 주의사항은 세탁기와 건조기 문의 처음 상태는 닫혀 있는 것으로 한다.

〈그림 21〉 세탁하기 2

④ 대상자는 건조기 앞에 서 있으며, 바구니는 피험자의 뒤에 위치한다.

⑤ 검사자가 '시작' 하면 건조기의 문을 열고 건조기 안에 있는 옷들을 세탁 바구니에 옮긴다. 이때 대상자는 세탁 바구니를 대상자가 편한 장소로 옮겨도 되고 이때 모래주머니는 건조대 안에 남겨둔다. 대상자는 가능한 한 빨리 실행하며, 건조기의 문을 닫는다.

⑥ 기록자는 문을 닫고, 바구니를 카운터에 올려놓거나, 바구니를 먼저 올려놓고, 문을 닫거나 둘 중에 하나가 끝나는 시점까지 시간(sec)을 측정한다.

(3) 바닥에서 일어서기(Floor down/up)

바닥에서 일어서기는 유연성과 평형성을 평가하기 위한 방법이다.

〈그림 22〉 바닥에서 일어서기

측정방법

① 대상자는 의자 사이에 서 있는 자세에서 준비한다.

② 검사자가 '시작'하면 대상자는 의자 사이의 바닥에 완전히 앉은 후 양발을 앞으로 곧게 펴는 자세를 취하고, 곧바로 일어서는 동작을 1회 실시한다.

③ 이때 대상자는 양옆에 놓여 있는 의자 중 하나의 의자만을 선택하여 사용할 수 있다.

④ 의자를 사용할 때는 한 손 또는 양손을 이용해도 상관없으며, 무릎을 굽히고 이용해도 상관없다.

⑤ 검사를 하기 전, 검사자는 대상자에게 "앉았다 일어나기에 편안하십니까?"라고 물어본다. "예"라고 대답하면, 검사를 진행한다.

⑥ "아니요"라고 대답하면, 검사자가 하는 방법을 한 번 보여준 후, "이렇게 앉았다 일어나기가 가능하시겠습니까?"라고 물어본다. 대상자가 "예"라고 대답하면 검사를 진행하고, "아니요"라고 대답하면 '0'이라고 기록한 후, 다음 실험으로 넘어간다.

⑦ 종료 시점은 대상자가 일어선 후 차렷 자세로 돌아올 때까지 한다.

⑧ 안전벨트는 대상자의 허리에 착용시키고 검사자는 대상자의 뒤에서 조절해준다.

⑨ 안전벨트의 사용은 앉았다 일어서기를 할 때 위아래로 당기지 말로 앞뒤로 조절하고 간격을 유지하여 낙상을 예방하도록 한다.

⑩ 기록자는 대상자가 앉았다 일어서기를 한 시간(sec)을 기록한다.

주의사항

검사자는 측정 시작과 종료 시점에 대상자에게 차렷 자세를 취해야 함을 숙지시킨다.

3) 고강도

(1) 시장 보기(Grocery)

시장 보기는 상하지 근력을 평가하기 위한 방법으로, 마트에서 물건을 고르고 장바구니에 물건을 넣고 이동하는 과정을 기능적으로 평가한다.

〈그림 23〉 시장 보기

측정방법

① 대상자는 식료품 가게에서부터 46.5m를 옮길 수 있는 물건들을 장바구니에 차곡차곡 담는다(장바구니의 무게가 최대 30kg을 넘지 않도록 확인한다).

② 타일과 카펫이 만나는 지점에서 출발 준비를 한 후 '시작' 하면 장바구니를 들고 출발한다.

③ 3개의 계단을 올라와 버스 정거장으로 가고, 다시 3개의 계단을 내려오며, 문을 통과해서 홀에 있는 원뿔 모양의 삼각대를 돌아와 닫혀 있는 문을 열어서, 장바

구니를 카운터에 올려놓는다.

④ 문을 열 때 대상자는 바구니를 바닥에 놓아도 상관없다.

⑤ 대상자가 걷는 총 거리는 3개의 계단을 오르고 내리는 것을 포함해 46.5m이다.

⑥ 시작 시기는 대상자가 장바구니를 손에 들었을 때 시작하고, 바닥에서 장바구니가 떨어진 시기를 말하는 것은 아니다.

⑦ 종료 시기는 장바구니를 카운터에 올려놓았을 때 종료한다.

⑧ 기록자는 장바구니의 무게(kg)와 도착장소까지의 시간(sec), 그리고 장바구니에 있는 물건들을 기록한다.

(2) 계단 오르기(Stair climb)

계단 오르기는 하지 근력과 평형성을 평가하기 위한 방법으로 기능적 보행능력을 평가한다.

〈그림 24〉 계단 오르기

측정방법

① 대상자는 11개의 계단을 올라가면 된다.

② 검사자가 '시작' 하면 대상자가 원하는 대로 계단을 오르면 된다(계단을 한 번에 1개씩 오르든, 2개씩 오르든 상관없다).

③ '종료' 시점은 11번째 계단에 첫 번째 발이 닿았을 때이다.

④ 이때 대상자는 계단 손잡이를 사용해도 되지만 손잡이를 끌어당기는 것은 안 된다.

⑤ 기록자는 계단을 오른 시간(sec)과 걸음 수(회)를 기록한다.

(3) 6분 걷기(6 minute walk)

6분 걷기는 심폐지구력을 측정하는 평가방법이다.

〈그림 25〉 6분 걷기

측정방법

① 검사자가 '시작' 하는 동시에 6분간 최대 이동하는 거리를 측정한다.

② 대상자가 중간에 피로하면 휴식을 취하여도 무관하며, 6분간 최대 이동거리만을 측정한다.

③ 직선으로 50m가 불가능하면 표시점 2개를 이용하여 트랙으로 사용하여도 무관하다.

④ 기록자는 대상자 뒤에서 함께 이동하며, 매분 남은 시간(min)을 말해주며, 종료 15초 전부터 초(sec)마다 종료 시간을 말해주고 총 이동거리(m)를 기록한다.

노인과 소년

키 작은 소년이 말했다.
"전 이따금 숟가락을 떨어뜨려요."
키 작은 노인이 말했다.
"나도 그렇단다."
소년이 속삭이듯 말했다.
"전 이따금 바지에 오줌을 싸요."
노인이 웃으며 말했다.
"그것도 나랑 똑같구나."
소년이 말했다.
"전 자주 울어요."
노인이 고개를 끄덕이며 말했다.
"나도 종종 운단다."
소년이 말했다.
"하지만 가장 나쁜 건 어른들이 나한테
별로 관심을 두지 않는다는 거예요."
그러자 그 키 작은 노인은 주름진 손으
로 소년의 손을 잡으며 말했다.
"나도 네가 무슨 말을 하는지 안다."

『마음을 열어주는 101가지 이야기』 중에서 –

제6장
운동, 이렇게 시작하자!

일반적으로 운동의 효과를 위해서는 여러 가지 조건이 필요한데 '외형적인 체력'과 '실제 체력'은 분명히 다르다. 신체조건이 좋다 하더라도 실질적으로 운동수행이 어려운 경우가 있어 보기와 다르다는 말을 들을 수 있고 특히, 노인들의 경우는 더욱 그러하다. 또한 운동과정에서 가장 중요하면서도 어려운 것은 운동을 '지속'하는 것이다. 시작은 누구나 할 수 있지만 대부분의 사람이 운동 목표를 단기간으로 설정하고 운동 효과를 보게 되면 운동에 대한 지속의지가 약해지게 된다. 따라서 가능한 한 운동 목표를 장기간으로 설정하는 것이 좋고 그러다 보면 일상생활 중 하나의 습관으로 자리 잡을 수 있게 될 것이다.

운동을 하면 기본적으로 자신의 운동한계를 보다 지연시킬 수 있거나 제한된 시간에 효율적으로 신체를 이용할 수 있고 그런 경우 운동능력이 좋다고 한다. 적어도 자신의 50% 수준에서 시작하는 정도의 가벼운 운동에서 지구력이 증가한다는 것이 입증되었다. 50% 수준에 해당하는 운동 강도는 노인들에게 큰 부담이 되지 않고 전혀 운동경험이 없는 사람이라도 쉽게 시작할 수 있다.

나이와 상관없이 시작할 수 있는 운동으로 체조운동이 있다. 당연히 노인들에게 적합한 체조운동도 있다.

① 규칙적인 목운동으로 치매를 예방할 수 있다. 목운동은 머리의 혈류 움직임을 원활히 하는 것이 목적이며, 머리에 혈액이 충분히 흐르지 않으면 치매에 걸릴지 모른다는 염려에서 멀어질 수 있다.
② 얼굴 피부의 탄력은 "입 벌리기 동작"으로 유지할 수 있다. 입 벌리기 동작을 하

면 입 주변의 근육뿐만 아니라 눈 주변의 근육도 당겨줌으로써 머리나 어깨, 가슴 주변 근육과 목까지도 풀어주는 효과가 있으며 전신운동은 아니지만 입을 중심으로 아주 넓은 범위를 자극하는 효과가 있다.

③ 아침에 일어나서 시작하는 '호흡'으로 머리를 맑게 할 수 있다. 호흡은 인간의 신체는 물론 정신에도 큰 영향을 주고 '노화에 따른 난청'의 속도를 늦춰줄 수 있다. 그 외에도 유산소운동은 걷기와 빨리 걷기를 번갈아 실시하여 다양한 속도 변화에 따른 운동 강도에 적응할 수 있도록 하고 단, 안전을 위해서 경사면보다는 평지를 이용하도록 한다.

평소 자신의 신체반응에 진지하게 귀를 기울이는 습관을 가진다. 늘 하는 운동이라 습관적으로 동작 중심의 운동이 아니라 "맥박"의 느낌으로 평소 몸 상태를 스스로 파악하여 운동 전후의 자신의 컨디션을 느끼면서 운동을 한다. 특히, 환절기의 온도변화에 따른 느낌들은 노인들에게는 중요한 변화를 줄 수 있다.

1 | 목표를 설정하고 시작하자!

　대부분의 사람이 운동을 하기 위해서는 자신이 실천할 수 있는 명확한 목표를 설정하고 스스로 동기부여가 되는 것이 중요하다. 목표가 특별하고 현실적이며 중요한 것일 때 가장 효과적인 결과를 가져올 수 있다.

　목표는 단기적 목표와 장기적 목표를 고려하고 실질적인 방법을 선택할 때 계획대로 성공할 수 있을 것이다. 자신의 목표를 냉장고 앞이나 잘 보이는 곳에 써 놓고 규칙적으로 수행하는지 확인할 수 있도록 한다. 또한 현재 자신이 하고 있는 신체 활동의 수준이 어느 정도인지 확인할 수 있다면 더욱 좋은 효과를 볼 수 있을 것이다. 또한 간단한 신체평가 방법을 통해 현재 수준을 파악할 수 있으면, 그 결과를 통해 보다 현실적인 목표를 재설정하는데 도움을 줄 것이다.

　결과적으로 단기적 목표는 자신의 일상생활에서 신체 활동을 규칙적으로 유지하게 도와줄 것이며, 이러한 결과는 더 나은 신체 활동을 위해 무엇을 할 것인가를 결정할 때 참고할 수 있다.

　예를 들어, 만보기를 착용하고 일상생활을 하면 하루에 얼마나 신체 활동을 하고 있는지 쉽게 알 수 있다.

　단기간의 목표는 다음과 같이 정해보자!

- 오늘 나는 얼마 정도의 신체 활동을 할 것인지 결정한다.
- 내일은 나의 생활환경 내에서 운동을 할 수 있는 프로그램을 찾아볼 것이다.
- 일주일에 한 번은 친구나 동료들과 운동을 즐기도록 할 것이다.
- 운동화와 운동복을 오늘 바로 구입할 것이다.

Side Concern

일주일 혹은 단기간의 계획을 성실히 수행하였다면 거기에 대한 보상은 이루어져야 한다. 사람마다 선택은 다르겠지만 평소 원하던 시간을 보내는 것이 좋을 것 같다. 영화 보기, 미술관 관람하기, 혹은 가족들과의 공원에서 휴식도 좋을 듯하다. 게다가 고단백질의 맛있는 음식을 마음껏 먹는 것도 좋을 수 있다.

성공적인 신체 활동을 위한 3가지

신체 활동의 변화가 일어나기 위해서는 규칙적이고 지속적이어야 한다. 하지만 현실적으로 가장 어려운 문제가 아닐 수 없다. 운동습관을 잘 유지하기 위해서 가장 중요한 주체는 바로 자신이다. 운동을 성공적으로 진행하기 위해 자신이 가장 선호하는 것을 결정하고 안전하게 운동할 수 있어야 하며, 점진적으로 기록해가고 자신의 생활양식을 적절하게 조절해가야 한다.

신체 활동이 일상생활의 우선이 되어야 한다
대부분의 사람은 운동을 시간이 있는 사람들이 하는 것으로 믿고 있다. 하지만 계획적인 시간을 가질 수 있어야 규칙적인 신체 활동과 운동을 유지할 수 있다.

사회적 관계를 유지할 수 있어야 한다
많은 사람은 운동습관을 유지하기 위해 "운동친구"를 가지고 있다. 친구나 가족과 함께 운동을 할 수 있다면 습관을 유지하는데 유리하다. 만약 운동 동료가 없다면, 걷기 동호회에 가입하고 점심시간을 이용하여 걸어보도록 하자!

흥미나 재미가 있어야 한다
너무 어려운 운동이나 새로운 기술을 습득해야 하는 운동이나 신체 활동은 비용이 발생할 수 있으며, 흥미를 잃게 되는 경우가 많다. 따라서 경험이 있는 운동이나 같은 효과를 가져오는 운동이 있다면 우선 재미있는 운동을 선택한다!

2 | 무엇이든 바로 시작하자!

어떤 신체 활동이나 운동이든 노인들에게 도움이 될 수 있다. 심폐지구력, 근력, 균형, 그리고 유연성의 체력요인을 향상시킬 수 있는 신체 활동은 독립적인 일상생활에 도움을 줄 수 있기 때문이다.

지구력 운동을 통해
- 손자, 손녀들과 오랜 시간 놀아줄 수 있다.
- 집 안 청소하기
- 정원 낙엽 쓸기, 시장 보기 등을 할 수 있다.

근력 운동을 통해
- 세탁실에서 세탁물을 발코니까지 옮길 수 있다.
- 어린 손자, 손녀들을 앉아줄 수 있다.
- 마트에서 적지 않은 짐을 자동차에 옮겨 실을 수 있다.

균형운동을 통해
- 높은 선반 위에 있는 물건을 발끝으로 서서 잡을 수 있다.
- 계단을 오르고 내리는 데 도움이 된다.
- 넘어짐 없이 걸을 수 있다.

유연성 운동이나 스트레칭을 통해

- 주차할 때 보조석 의자에 어깨를 올리고 뒤를 보면서 주차를 할 수 있다.
- 침실 정리를 용이하게 할 수 있다.
- 허리를 굽혀서 신발 끈을 고쳐 묶을 수 있다.

노인들이 운동을 시작할 때 한 번에 많은 횟수를 하기보다는 자신이 최소 할 수 있는 시간이나 횟수를 피곤하지 않은 만큼 하고 점차적으로 시간과 횟수를 증가시키는 것이 중요하다. 또한 운동을 일주일에 3회 이상 한다고 정하기보다 매일 자주 할 수 있도록 운동 빈도를 늘리는 것이 필수적이다.

Side Concern

호흡

운동 전 호흡을 통해 심리적 안정과 신체적 준비를 취할 수 있다. 앉거나 누운 자세에서 수행하는 호흡법은 복부 운동을 동시에 할 수 있다.

앉은 자세 기본 호흡운동(횡격막 호흡)

편안하게 허리를 곧게 펴고 등을 기댄 상태에서 의자에 앉는다. 한 손을 흉곽 아랫부분과 상복부에 대고 호흡을 들여마실 때 흉곽이 당겨지고 횡격막의 움직임을 느끼도록 한다. 호흡을 내쉴 때 복부의 근육들이 꽉 조이는 느낌이 들고 천천히 내쉬도록 한다.

선 자세 흉곽 호흡

선 자세에서 한 손을 흉곽 아랫부분과 상복부에 대고 호흡을 들여마실 때 흉곽이 당겨지고 횡격막의 움직임을 느끼도록 한다. 호흡을 들여마실 때 천천히 코를 통해 호흡을 하며, 흉곽이 확장되는 것을 느낀다. 호흡은 천천히 내쉬며 흉곽이 아래쪽으로 내려가고 복부가 조이는 느낌이 들도록 내쉰다.

제7장

다시 한번 뛰어보자!
심폐지구력

운동을 시작하고 싶은 마음은 굴뚝같지만 가만히 있어도 이렇게 피곤한데 운동을 해도 괜찮을까라는 질문을 주고받은 적이 있을 것이다.

　우리 몸은 운동으로 인한 스트레스가 발생하게 되면 '사이토카인 6'이라는 물질이 분비되고 이로 인해 일종의 염증반응이 나타난다. 하지만 사이토카인 6은 우리 몸을 성장시키는 사이토카인 10을 더욱 많이 분비시키고 이것은 치유를 수행하기 때문에 결과적으로 더 좋은 역할을 많이 하게 된다. 이러한 이유로 조금 피곤할 때 가벼운 걷기와 스트레칭을 하고 나면 운동을 할까 말까 고민했던 것은 금방 잊고 상쾌함마저 느꼈던 경험은 누구나 있을 것이다. 특히, 유산소운동은 근본적으로 근육에 산소를 공급하는 역할을 하고 혈액량을 증가시키기 때문에 노화방지에 반드시 필요하다. 유산소운동은 일정의 탄수화물을 소모한 후 지방을 분해하기 시작하는데 지방을 태우는 과정에서 에너지와 수분이 발생한다. 발생한 에너지는 근육을 움직이는데 사용되고, 수분은 땀으로 배출된다. 결과적으로, 유산소운동을 통해 세포기관의 산소를 이용하는 능력이 증가하고 대사율도 높아져 정상적인 호르몬의 분비도 활발해져 노화의 속도를 지연할 수 있는 것이다. 이러한 변화는 최대 산소섭취량의 증가를 가져오며 피로를 적게 느끼면서 더 큰 운동능력을 발휘할 수 있도록 해준다.

　노화와 관련된 심혈관계와 호흡계의 변화는 광범위하며 크다. 하지만 이것은 노화 그 자체로부터 초래되는 인체 기관의 구조적 변화와 기능적 변화만큼이나 노인들의 전형적인 신체 활동 감소와 관련이 있을 것이다. 이러한 변화는 일상생활의 활동과 신체 활동 두 가지 모두를 제한하게 될 것이다. 규칙적인 신체 활동이 이러한 변화의 많은 부분을 다시 되돌릴 수 있지만 심장, 폐, 혈관에서의 노화와 관련된 변화는 노인을 위해 처방되는 어떠한 신체 활동도 처음부터 다양하게 고려되어야 한다.

최대 유산소 능력은 체력수준에 상관없이 남녀 모두 나이의 증가와 함께 감소한다. 25세부터 65세 사이에 10년당 약 10%의 최대 산소섭취량 감소가 나타나며, 80세 이상에서는 감소속도가 둔화된다. 이러한 감소 때문에, 예전에는 그리 힘들지 않던 신체 활동이 노인에게 더 많은 노력을 요구하게 된다. 심장과 폐는 휴식 상태 그리고 가벼운 신체 활동 동안에는 적절하게 작용하지만 운동 강도가 증가하면서 아주 많은 부담을 받을 수도 있다.

심장질환의 위험이 없고 질환을 가지고 있지 않은 경우라도 노인들의 체력은 개인차가 크기 때문에 자신의 안전한 심박수 범위 내에서 운동을 하는 것이 좋다.

효과적인 심박수는 최대 심박수의 약 60~80% 수준이고 각 개인이 자기에게 적절한 수준을 결정하기 위해서는 220에서 자기나이를 빼고 0.6과 0.8을 곱하면 된다. 예를 들어, 60세 노인이라면 220−60=160이고 여기에서 160 곱하기 0.6을 하고 160 곱하기 0.8이면 심박수 범위가 분당 96~128회로 계산된다. 걷기 혹은 실내 자전거를 통한 유산소운동을 할 경우에는 이 정도의 심박수를 유지하면서 운동을 하면 되고 연령대별 심박수를 참고하여 적용하여도 된다〈표 10〉. 하지만 심혈관계 질환의 여부는 확인하고 적용해야 한다. 실제 나이로 예측된 최대 심박수를 이용하는 것에 대해 의문이 제기되고 예측공식으로 계산된 최대 심박수가 남성노인 및 여성노인 모두에게서 실제로 측정된 최대 심박수보다 낮았던 연구가 있다.

고혈압 및 심장에 문제가 있는 노인에게 보편적으로 처방되는 베타 차단제 약품 또는 휴식은 심박수에 커다란 영향을 미치며 많게는 분당 30회를 감소시킨다. 따라서 노인을 위한 적절한 운동 강도를 결정하는데 있어 RPE 지수(자각피로도)가 운동 심박수의 사용보다는 훨씬 안전한 방법이 될 수 있다.

심폐지구력을 위한 운동지속시간은 30~40분 정도가 적당하지만 체력이 약한 사람에게는 10~15분의 운동과 휴식을 반복하는 운동이 보다 안전할 수 있다. 운동 빈도는 하루 운동 강도와 운동량이 적으면 자주 주 5회 정도 해주고 매일 1시간 정도라면 주 3회 정도면 충분하다.

<표 10> 연령대별 심박수

나이	지구력 운동 중 심박수 범위 (분당 심박수)
40	126–153
50	119–145
60	112–136
70	105–128
80	98–119
90	91–111
100	84–102

<그림 26> 주관적 자각피로도(Borg's Scale)

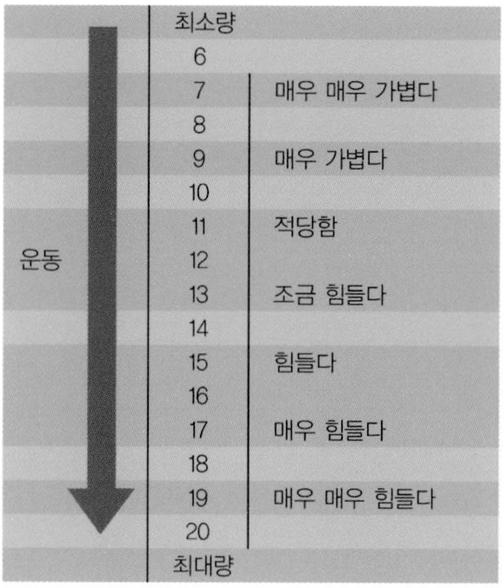

	최소량	
	6	
	7	매우 매우 가볍다
	8	
	9	매우 가볍다
	10	
	11	적당함
운동	12	
	13	조금 힘들다
	14	
	15	힘들다
	16	
	17	매우 힘들다
	18	
	19	매우 매우 힘들다
	20	
	최대량	

Side Concern

혈압

나이가 많아지면서 휴식과 운동 상태의 혈압이 점진적으로 증가한다. 증가된 혈압은 주어진 어떠한 운동 강도에서도 심장의 운동부하량과 산소요구량을 상승시키며, 특히 고강도에서 운동할 때에는 고혈압인 사람에게 위험을 가져올 수 있다. 혈압에 영향을 미치는 생활방식 요인으로는 흡연, 알코올 섭취, 비만, 비활동적인 생활 등이 포함된다. 동적 유산소운동은 혈압을 감소시키는데, 이러한 감소를 가져오는 기전은 명확히 밝혀져 있지 않다. 운동의 혈압감소효과 는 정상적인 혈압을 가진 사람보다 1단계 고혈압인 사람에게서 더 크게 나타난다. 동적 유산소운동에 대한 혈압반응 효과는 40~70% 최대 산소섭취량 사이의 훈련강도에서는 최대 심박수 또는 12~15RPE 차이가 있는 것처럼 보이지 않는다. 일주일에 3~5일의 훈련 빈도 그리고 30~60분의 운동지속시간 사이에서는 혈압반응 효과가 비슷한 것처럼 보인다(Fragard, 2001).

1 | 폐기능의 변화

    폐의 효율성은 나이가 증가하면서 저하되는데 폐활량은 점진적으로 감소되며, 70세에 이르면 많게는 40~50%가 감소된다. 폐 내부의 가스교환 효율성 또한 나이가 많아지면서 지속적으로 감소된다. 30세에서 70세 사이에 최대 호흡량은 자발적인 노력으로 1분 동안 호흡할 수 있는 최대의 공기량이 많게는 50% 감소되는 반면에, 잔기량은 30~50% 증가한다. 따라서 점점 호흡의 빈도가 빨라지게 되고 일반적인 신체 활동 중에도 숨이 차는 느낌이 드는 것이다.

    노화와 관련된 기능적 퇴화의 대부분은 호흡에 동원되는 근육의 근력감소, 흉벽의 딱딱함, 미세한 기도 닫힘으로 초래된다. 호흡기관 결합조직의 탄력적 상실은 노인에게서 운동 동안 최대 폐포 환기량의 감소를 초래한다. 흉벽의 탄력성 감소는 주어진 어떠한 호흡량 수준에서도 노인에게 호흡을 더 힘들게 만들며 호흡과 관련된 근육에 더 많은 양의 혈액공급이 요구되도록 만든다.

    운동 중 호흡과 관련된 근육, 인체를 움직이는데 사용되는 근육, 그리고 피부 사이에 혈액공급량에 대한 경쟁이 심해지며, 운동 강도가 증가하면서 조기 피로를 가져올 수 있다.

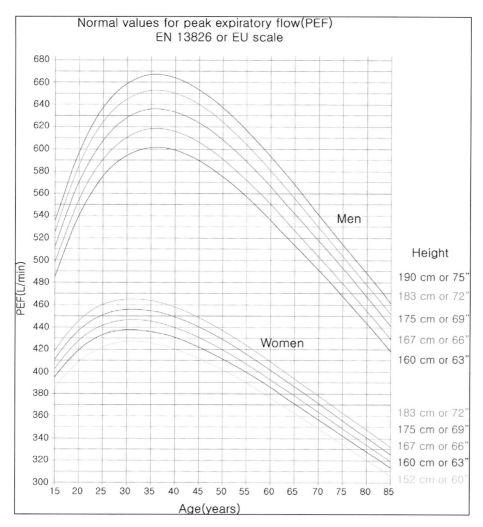

〈그림 27〉 연령변화에 따른 강제호기 폐활량

2 노인들의 심폐지구력을
향상시키기 위해서는 어떤 방법이 있을까?

    노인들의 일상생활 중 지구력이 요구되는 신체 활동들은 걷기, 조깅, 수영, 낙엽 쓸기, 청소하기, 춤추기 등이 있다. 이러한 운동들의 공통점은 운동시간이 늘어날수록 심박수와 호흡수를 증가시켜 준다. 또한 조금 더 빠르게, 멀리, 그리고 경사를 이용하면 그 변화에 대하여 더 많은 도움을 받을 수 있다. 그 밖에도 일상생활에서 정원 가꾸기, 쇼핑 또는 경쟁하지 않고 쉬운 스포츠 활동을 통해 도움을 받을 수 있다.

3 | 얼마나 많이 아니면 자주 해야 하나?

　누구나 운동을 시작할 때는 목표를 세우고 점진적으로 증가시켜야 한다. 특히, 오랜 시간 동안 신체적 활동이 없었다면, 갑작스럽게 오랜 시간의 운동은 주의해야 한다. 예를 들어, 처음에는 5~10분 정도로 가볍게 시작하여, 점진적으로 중강도의 지구력 운동을 통해 30분까지 늘려가도록 한다. 하지만 운동 시 10분 이내의 운동은 심장과 폐의 이점을 가져오기 어려울 수 있다. 중간 정도의 지구력 운동으로 적어도 30분 이상 하도록 노력하고 1주일의 대부분 혹은 매일 수행하도록 하는 것이 좋다.

Side Concern

평소에 걸음 수를 확인해보세요!

걸음 수를 세는 것은 지구력 운동을 유지하는데 도움이 될 수 있으며, 대부분의 비활동성 사람들은 5,000보 이하의 걸음 수를 유지한다. 더욱 심각한 경우는 하루에 2,000보를 걷지 않는 사람도 있다.

- 하루에 최소한 5,000보 이상을 걷고 점진적으로 매일 3,000보에서 4,000보를 늘려가도록 한다
- 하루에 10,000보 이상 걷는다면, 적절한 지구력 능력을 얻게 될 수 있다.
- 하루에 10,000보를 편하게 걷고 15,000보를 걷도록 한다면, 높은 수준의 신체 활동에 도달할 수 있을 것이다.

---

4 | 안전한 운동

안전하게 운동을 하기 위해서는 몸에 대한 반응에 귀 기울여야 한다. 운동 중 느낌이 너무 피로해지는 것은 운동 중 힘들어서 호흡을 할 수 없거나 말을 할 수 없을 정도, 현기증, 흉통, 혹은 가슴이 지나치게 뛰는 것을 느낄 수 있다. 따라서 심폐지구력 운동을 하기 전후에는 가벼운 걷기를 포함한 준비운동과 정리운동을 하는 것을 잊어서는 안 된다.

노화에 따른 심폐지구력 운동에서 유의해야 할 것은 운동 중 수분섭취에 대한 느낌이 감소하기 때문에 갈증을 느끼지 못할 수도 있다. 땀을 많이 흘리는 장시간의 지구력 운동이나 신체 활동을 할 경우 갈증이 나지 않더라도 수분을 꼭 섭취해야 한다.

5 | 자신의 능력을 점검하라!

　운동이나 적극적인 신체 활동을 하기 위해 자신의 노력이 어느 정도 필요한지 알아야 하고 운동 초기 자신의 체력수준을 확인하는 것이 중요하다. 예를 들어, 어떤 사람이 15분에 1km를 걷는다. 운동을 거의 하지 않는 사람의 경우에는 힘들 수 있는 운동량이 될 수 있고 매일 운동을 하는 어떤 사람에게는 매우 쉬운 운동일 수 있다.

- 빠르게 걷기는 조깅을 하는 것보다는 낮은 수준(중간 정도)의 운동이다.
- 중간 정도의 운동 중에는 대화를 할 수 있지만 격렬한 운동 중에는 대화가 어렵다.
- 땀의 배출을 통해 운동 강도를 결정한다면, 가벼운 운동은 땀이 나지 않고 중간 정도 이상의 운동은 땀이 많이 나게 될 것이다. 꼭 잊지 말아야 할 것은 땀이 나지 않는다 해도 수분섭취는 규칙적으로 해야 한다는 것이다.

　최근 시도별, 지역에 따라 자연 천을 개발하여 산책로와 조깅코스를 조성하고 있는데, 안타까운 일은 주변 조경에는 신경을 많이 쓰고 있지만 중간 중간 벤치가 많지 않다는 것이다.
　노인들은 일정한 거리와 시간을 반복적으로 수행하는데 제한이 있기 때문에 휴식을 취할 수 있는 공간이 필요하다.

6 | 체력수준별 심폐지구력 운동

심폐지구력 운동은 걷기, 조깅, 수영, 청소하기, 춤 등으로 심박수와 운동시간이 늘어날수록 호흡을 증가시켜 주는 운동이다. 이러한 운동들은 더욱 빠르고 멀리 걸을 수 있고 언덕을 오를 수 있도록 해줄 것이다. 또한 일상생활 속에서 정원 가꾸기, 쇼핑, 또는 쉬운 스포츠 활동을 매일 할 수 있게 해줄 것이다.

초급자 심폐지구력

초급자 심폐지구력 운동은 준비운동과 유사하게 적용할 수 있으며 의자에 앉은 자세에서 동적인 활동을 통해 운동할 수 있다. 모든 동작을 연속으로 수행하고 일부 동작을 선택하여 할 수도 있다. 초급자 지구력 운동은 비활동의 상태에서 신체 활동량을 늘려가는 단계이므로 무리가 되지 않도록 자신의 신체 상태와 피로감에 유의하며 수행한다. 운동시간은 15~30분 정도 수행하는 것이 바람직하지만 신체수준에 따라 2~3회에 걸쳐 나누어 수행할 수 있다. 운동 후 피로감이 들지 않는 범위에서 운동을 수행하도록 한다〈부록의 '준비운동' 참고〉.

중급자 심폐지구력 운동

　중급자 심폐지구력 운동은 되도록 실내에서 할 수 있는 운동을 중심으로 구성한다. 집에 러닝머신 또는 고정식 자전거가 있으면 그것을 이용하고 운동기구들이 없을 경우 계단 오르내리기를 이용할 수 있다. 목표 심박수를 정하고 운동을 하는 것이 일반적인 방법이지만 초급자와 중급자 운동 프로그램에서의 심폐지구력 운동은 자신의 느낌에 따라 운동한다.

　과도하게 숨이 찰 정도로 운동을 수행하지 않으며 불편하지 않을 정도의 '약간 힘들다'의 느낌으로 운동을 수행한다. 이 정도의 운동시간이 15분 이하인 경우 2~3회로 나누어 운동을 수행할 수 있으며 최소한 주 3회 이상 운동을 하여야 한다. 심폐지구력 운동의 총 운동시간은 15~30분 정도 수행하며 신체의 피로감에 따라 운동시간을 조절하여 수행하고 운동 전 수분을 섭취한다.

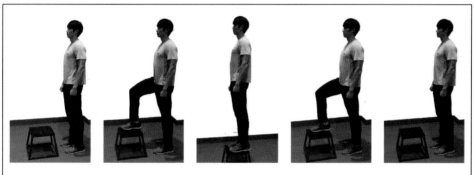

차렷 자세로 박스 앞에 서고 시작과 함께 오른쪽 또는 왼발을 박스에 올려놓는다. 이때의 동작을 '하나'라고 한다. 또 다른 발을 박스 위에 올려놓고 이 동작을 '둘'이라고 한다. 두 발이 박스 위에 올라갔으면 처음 박스 위에 올려놓았던 발부터 내려놓는다. 이 동작을 '셋'이라고 한다. 마지막 발을 내려놓는데 이때의 동작을 '넷'이라고 한다. 이와 같은 동작을 반복하는데 약 1분간에 30회 정도의 횟수로 수행하며, 높이는 스스로 15분 이상 박자를 유지하면서 할 수 있는 적당한 높이를 선정한다.

상급자 지구력 운동

상급자 심폐지구력 운동은 본격적으로 저하된 심폐지구력 수준을 향상시키는데 그 목적이 있으며, 러닝머신 또는 고정식 자전거뿐 아니라 일정한 리듬을 유지하면서 심폐지구력을 향상시킬 수 있는 야외에서 실시할 수 있는 적극적인 속보와 조깅과 같은 운동을 수행하도록 한다.

운동을 수행하면서 자신이 '약간 힘들다' 또는 약간 호흡이 빨라지는 것을 느낄 정도로 운동을 수행할 수 있지만 자신의 연령과 심박수를 이용하여 목표 심박수를 산출해 운동을 수행할 수 있다. 신체의 피로감에 따라 운동시간을 조절하여 수행하고 운동 전 수분을 섭취한다. 주 3~5회 정도 운동을 수행하며, 한 번에 30분 이상 지속하여 운동을 하도록 한다.

Side Concern

목표 심박수 구하는 방법

자신의 안정 시 심박수를 측정하여 계산하도록 하며 운동 강도는 약 40~60% 정도의 범위에서 운동하도록 한다.

목표 심박수 = [(최대 심박수−안정 시 심박수) × 운동 강도(%)] + 안정 시 심박수
안정 시 심박수(회/분) = 30초간 안정 시 심박수 × 2
최대 심박수(회/분) = 220 − 나이

예) 62세의 안정 시 심박수가 68회/min인 사람의 60% 운동 강도로 심폐지구력 운동을 하고자 한다면 목표 심박수는 ((220 − 62)−68)×0.6+68 ≒ 122회/min

고정식 자전거

고정식 자전거를 이용할 때 안장의 높이는 페달에 발을 넣고 무릎을 폈을 때 무릎이 완전히 펴지지 않는 것이 적당하다. 엉덩이가 불편하거나 척추질환이 있는 경우 등 받침이 있는 자전거(약간 기대어서 타는 느낌)를 이용해도 된다.

러닝머신

러닝머신 위에 서서 시작하여 천천히 속도를 올리도록 한다. 걸음걸이가 규칙적으로 이루어지도록 유지하고 러닝머신 위에서 운동 후 어지럼증이나 균형유지에 어려움이 있다면 다른 운동을 선택하여도 된다.

빠르게 걷기

- 가슴을 펴고 턱을 약간 당긴 자세에서 시선은 전방 10~15m를 바라보며 걷는다.
- 팔의 움직임과 함께 어깨를 자연스럽게 좌우로 돌린다.
- 팔을 자연스럽게 앞뒤로 흔든다.
- 배에 힘을 주고 걷는다.
- 허리와 등을 곧게 펴고 걷는다.
- 엉덩이를 심하게 흔들지 않고 자연스럽게 움직인다.
- 허벅지와 허리의 힘을 빼고 발목으로 걷는다.
- 발바닥이 마지막으로 지면에 닿는 순간 가볍게 바닥을 밀어 힘들이지 않고 속도를 낸다.
- 체중은 발뒤꿈치 바깥쪽을 시작으로 발 가장자리에서 엄지발가락 쪽으로 이동한다.

제8장

운동을 왜 해야 하나?
근력

　신체 움직임의 시작은 근력이 좌우한다고 해도 과언이 아니다. 당연히 근육의 양이나 크기에 따라 영향을 받을 수밖에 없는데 나이가 증가하면 근력은 신장, 체중, 근섬유의 크기, 체중에 대한 체지방의 비율에 따라 달라진다.

　근력은 20~30대에 최고점을 이루었다가 30대부터 16.5% 이상의 감소가 일어나고 결과적으로 연령증가에 따라 65세까지 20% 정도 감소한다. 당연히 뼈를 지탱해주는 능력도 감소하고 근육이 역할을 못하는 것까지 대신하여 인대나 힘줄이 과도한 일을 하게 되는 과정에서 인대염, 오십견, 건염, 퇴행성 관절염이 더욱 악화되는 것이다.

　무엇보다 근력이 감소하면 걷기나 계단 오르기 등의 일상생활에 어려움을 느끼게 되어 일상생활에서의 움직임이 줄어들고 이로 인해 근력이 더욱 감소하는 악순환이 반복하게 된다. 따라서 근력 운동을 통해 근육의 퇴화를 막는 동시에 새로운 근육을 만들어야 할 필요가 있다.

　근력을 발휘하는 운동은 정형외과적 문제가 없고 몇 가지 주의사항을 제외하면 대부분의 노인은 안전하게 운동을 할 수 있다. 근력 운동 중 혈압 상승이 현저하고 부정맥이 발생할 수 있어 고혈압의 합병증이 생기는 경우도 있지만 최대 근력의 40% 강도의 운동이면 혈압 상승도 크지 않고 안전하게 수행할 수 있다.

　무엇보다 노인들의 근력 운동은 한 번에 큰 힘을 쓰기보다는 작은 힘을 자주 가능한 한 오랫동안 반복하기 위한 근지구력 향상을 목적으로 하는 것이 좋다.

　운동방법으로는 근육의 길이가 변하지 않고 장력이 발생되는 등척성(Isometric) 운동이 있는데 동작은 어렵지 않게 느껴질 수 있지만 혈압 상승 및 심장기능 저하가 더 현저하게 나타나므로 바람직하지 못할 수 있다. 따라서 동작수행 시 자연스러운 호흡을 유지하며 근육의 길이가 길어졌다 짧아지는 동적인 등장성(Isotonic) 운동이 보다 안전할 수 있다.

적절한 운동량은 자기 능력으로 15~20회를 연속으로 실시할 수 있거나 40~60%이면 근 피로가 발생하지 않고 수행할 수 있을 것이다.

근력 운동에 익숙하지 않은 노인은 운동 후 근육통이 생기기 쉬우므로 운동 후 스트레칭 등을 충분히 해야 할 필요가 있다. 일반적으로 근력 운동이라고 한다면, 웨이트 운동을 연상하게 되는데 고무 밴드, 고무 튜브, 그리고 가벼운 아령 운동도 얼마든지 가능하고 자기 체중을 이용하는 운동도 활용할 수 있다.

1 | 근육과 운동

근육의 허약함과 근육량의 감소는 노화와 관련된 뚜렷한 손실이며 유산소 능력, 골밀도, 인슐린 민감성, 그리고 신진대사율의 감소와 신체지방, 혈압 심혈관계 질환과 당뇨병 발병 증가와 같은 결과를 가져온다. 하체에서의 노화와 관련된 근력감소는 신체적 장애와 독립성 상실을 가져오는 평형성 및 기동성 문제와 관련이 있다.

골격근은 두 가지 주된 형태의 근섬유로 구성되어 있다. 지근 섬유(type 1)는 느리게 수축하며 쉽게 피로해지지 않는 반면에, 속근 섬유(type2)는 빠르게 수축하며 쉽게 피로해진다.

많은 운동 전문가들은 지근 섬유의 경우 항중력근을 제외하고는 나이가 많아지더라도 거의 변화가 없다는 것을 발견하였다. 그와 달리 속근 섬유는 근섬유의 숫자와 크기에서 위축이 일어나는 근육들이다. 특히, 몸통과 하체에서 속근 섬유의 위축과 상실은 이러한 근육의 사용감소 그리고 근섬유 형태를 동원시키는데 요구되는 고강도 신체 활동의 부족에 의한 결과이다.

근육량의 감소와 운동단위 숫자의 감소에 따른 중요한 결과 중 하나는 근력상실이다. 근력은 50세에서 70세 사이에 평균적으로 약 30% 감소하며 80세 이후에는 더욱 급격한 근력상실을 보인다. 근육량의 경우처럼, 하체에서 더욱 큰 근력상실이 나타나며, 이것은 기동성의 문제와 밀접하게 관련되어 있다. 그러므로 노인을 위해 설계된 운동 프로그램은 운동단위 동원을 최대화하는데 그리고 남아 있는 근섬유의 비대를 특히 촉진하는데 집중해야 한다.

노인들에게 파워는 중요한 요인으로 언급되지 않는 경향이 있지만 파워는 일이 수행되는 속도로 정의되며 일을 시간으로 나눔으로써 계산된다. 골격근이 파워를 발휘하는 능력은 기초적인 작업에서부터 레크리에이션 활동에 이르기까지 많은 일상적인 활동의 수행에 중요하다. 하지만 나이가 많아지면서 근 파워 발휘능력은 근력보다 더 큰 폭으로 감소한다.

　노화된 근육의 파워발휘능력 감소는 습관적인 신체 활동의 감소, 속근 섬유의 선택적 위축 운동단위 숫자의 감소를 포함한 여러 요인의 복합적인 결과에 의해 초래된다. 이러한 복합적인 결과는 발휘하는 힘의 감소와 수축 속도의 저하, 즉 저항에 대해 빠르게 움직이는 능력의 상실을 초래한다.

　나이 및 성별과 관련된 근 파워 차이는 나이가 많아지는데 남성노인보다 여성노인에게서 관찰되는 근 기능의 약화를 부분적으로 설명할 수 있다. 특히, 감소된 하체의 파워는 감소된 근력의 경우보다 노인의 운동능력을 더 많이 약화시키는데, 빠르게 걷기, 계단 오르기, 앉은 자세에서 빠르게 일어서기, 또는 넘어질 듯하면서 몸을 가누는 것 등과 같은 동작에서 다리 근육의 파워를 요구하기 때문이다.

2 | 뼈의 무게

골격계 노화과정에서 나타나는 또 다른 부분으로 남녀 모두에게서 골량이 감소된다는 것이다. 어느 연령에서도 골기질에 대한 축적된 무기질염의 비율인 골밀도는 남성보다 여성에게서 낮다. 골밀도는 완전히 성장했을 때의 골량 그리고 그 이후의 뼈 상실과 관련이 있다. 일반적으로 최대 골밀도는 약 25세에 도달된다. 골밀도는 약 50세가 될 때까지 상당히 안정적으로 유지되며 그 후 칼슘의 상실과 골기질의 퇴화가 점진적으로 일어난다. 여성에게서는 폐경 5년 동안 칼슘이 특히, 빠르게 상실된다. 뼈 상실이 시작되기 훨씬 이전에 대부분의 사람은 근력을 상실하지만 노화에 따른 골밀도의 상실은 제지방량의 상실과 함께 나타난다. 하지만 이러한 변화는 70세까지 유의한 영향을 미치지 않는다.

일반적으로 골밀도의 측정은 DEXA(Dualenergy X-ray absorptiometry)를 사용하면서 골반과 척주에서 통상적으로 측정된다. 골다공증이 될 가능성은 여성이 남성보다 3배나 높지만 65세 이상의 약 1.5백만 명의 미국남성이 골다공증일 것으로 추정되고 있다. 여성노인에 비해 남성 노인은 골밀도로 하여금 문제가 많지 않지만 최근 늘어나고 있는 추세이다.

골다공증으로 인해 골절이 자주 일어나지 않지만 척주, 골반, 손목에서 골절이 일어날 수 있다. 여성의 경우 자신의 일생 동안 골절이 일어날 가능성은 40%이다. 뼈가 얇은 노인들에게는 골절 발생위험이 더 크다. 특히, 골반골절로 고통받는 사람은 흔히 독립성을 상실하게 된다. 골반골절을 당한 사람의 1/3 미만만이 삶에서의 기본적인 활동을 수행할 수 있을 정도로 회복되고 경우에 따라 사망에 이르는 경우도 발생한다.

척주골절은 진단되지 않는 경우가 흔히 있으며 신장이 작아지고 자세를 변화시키며, 흉추 후만곡이 증가되고 복합골절이 일어날 경우에는 지속적인 통증을 가져온다. 안타깝게도 골다공증으로 진단된 많은 환자는 골절을 방지하기 위해 신체 활동을 줄이라는 말을 의사들로부터 듣는다. 척주의 굴곡, 틀기, 그리고 갑작스러운 움직임이 포함되는 운동은 피해야 하지만 골량과 기능적 기동성을 유지하기 위해서는 신체 활동이 필수적이다.

효과적인 운동 프로그램은 폐경 전 그리고 폐경 후 여성의 요추와 대퇴경부에서의 뼈 상실을 예방하거나 또는 1년에 거의 1%를 회복시킬 수도 있다. 하지만 운동으로부터 골형성을 가져오기 위해서는 자극의 강도가 자극의 빈도보다 더 중요한 듯하다. 적은 부하보다 골량에서 더 큰 증가를 가져왔다. 체중이 실리는 지구력 운동과 저항운동이 남녀노인의 임상적 부위에서 근력의 뚜렷한 증가가 나타났지만 골밀도에서는 일정하지 않은 변화가 나타났다.

지면–반작용 힘을 통해 골격에 스트레스를 주는 운동이 관절–반작용 힘을 통해 골격에 스트레스를 주는 운동보다 보편적인 골절 부위인 대퇴경부의 뼈를 형성하는데 더욱 효과적인 것 같다. 하지만 두 가지 형태의 운동 모두 인체 전체, 요추, 대퇴골 근위부의 골밀도를 효과적으로 증가시킨다. 일정한 무게를 지닌 조끼를 사용하여 장기간 운동을 수행한 여성 노인이 골밀도를 유지하고 유의한 뼈 상실을 방지하는 것으로 보고하는 연구도 있다.

그 밖에도 등의 신전근을 강화시키는 점진적인 저항 프로그램은 척주 부위가 골다공증인 환자에 의해서도 안전하게 실행될 수 있으며 통증의 감소, 일상적인 활동을 수행하는 능력 향상을 가져온다. 비교적 짧은 기간의 저항 훈련은 골량이 줄어든 노인에게서 약간의 골밀도 증가를 가져올 수도 있지만 모든 노인에게서 골량을 유지하기 위해서는 저항 훈련이 장기간 계속되어야 한다.

3 | 체중을 지지하고 밀어내기 위해 필요한 근력

노인에 있어서 최소의 근력변화가 있어도 일상생활의 기능적인 측면에서는 커다란 변화를 가져올 수 있다. 특히, 근력 수준이 매우 낮은 사람인 경우라면 더욱 큰 변화를 가져올 수 있다. 일상생활에서 의자 앉기, 시장 보기, 병뚜껑 열기, 손자들과 놀아주기와 같은 신체 활동을 통해서도 근력이 증가할 수 있으며, 하지 근력 향상은 균형능력에도 영향을 미칠 수 있다.

노인들의 근력 운동은 대근육을 이용하여 매주 2회에서 그 이상 수행하도록 한다. 하지만 동일한 대근육군을 2일 이상 연속적으로 진행하여 피로가 발생하지 않도록 주의한다.

- 개인의 컨디션에 따라 운동 초기에는 2~4kg 정도에 시작하고 필요에 따라 중량을 증가시키도록 한다.
- 운동 첫 주에는 가벼운 중량을 이용하고 점진적으로 중량을 늘려가도록 한다. 운동 초기에 너무 무거운 중량으로 운동을 할 경우 부상을 유발할 수 있다.

연구과제 수행할 때 연구소를 방문하신 할머니께 체격 및 체력측정을 마친 후 드링크 음료 한 병 드렸더니 순간 버럭 하셨다. 그 이유는 사소한 부분을 고려하지 못한 결과로 비롯되었다. 노인들은 첫 번째 마디를 이용하여 병뚜껑을 돌릴 때가 가장 어려움이 있고 딸기잼 뚜껑 크기 정도를 열 때 악력의 발휘가 용이하다는 사실을……, 노인들의 다양한 신체적 변인은 생활용품을 개발하는 데 다양한 자료를 제공하게 될 것이다.

4 | 안전하게 근력 운동하기

- 운동 전 자신의 건강 상태에 대한 금기사항 및 주의사항을 운동전문가와 상의해야 한다. 특히, 골반과 요부의 정형외과적인 수술 여부 혹은 자신에 가장 적합한 운동이 무엇인지에 대하여 상담을 한다.
- 운동 중 호흡을 멈추지 않도록 한다. 운동 중 호흡을 멈추는 일은 혈압을 높일 수 있으며, 심장질환자들에게는 특히, 유의해야 한다. 또한 호흡은 일정하게 유지하고 코와 입을 통해 호흡을 천천히 유지하고 가능한 한 편안하도록 한다.
- 중량을 들거나 미는 동작에서 호흡을 내쉬고 이완할 때 호흡을 들여마시도록 한다.
- 운동 상해를 예방하기 위해서 부드럽고 안정적으로 동작을 수행한다.
- 근육운동 후 며칠간 근육통이 지속되고 피로감이 나타나는 것은 일반적인 반응이고 일정 기간이 지나면 운동 후 통증은 없어지게 될 것이다.

일반적으로 노인들은 근력 운동을 하기 위해 따로 운동기구를 구입하거나 외출하기를 싫어한다. 따라서 일상생활에서 구하기 쉽고 사용하는 생활용품들을 이용할 수 있다.

모래나 물을 채운 플라스틱 우유 팩
마른 콩이나 곡물을 채운 양말
쌀 주머니, 캔, 등……

그 외 웨이트 장비 혹은 기구가 아니더라도 쉽게 사용할 수 있는 탄성밴드가 있다. 탄성밴드는 다양한 관절범위를 사용할 수 있으며, 개인의 능력에 따라 탄성이 다른 밴드를 선택할 수 있고 동작범위 내에서 장력을 집중하여 유지할 수 있다(**부록 참고**).

그립 잡기(Hand grip)

물건을 잡거나 들어올리는데 어려움이 있다면, 그립 잡기를 통해 도움을 받을 수 있다. 평소에 병뚜껑을 돌리는 것 같은 동작에 도움이 될 수 있다. 이러한 동작은 TV 를 시청하거나 책을 읽으면서도 연습을 할 수 있기 때문에 쉽게 실천할 수 있다.

1. 바람이 빠진 테니스공이나 다른 작은 고무공을 한 손으로 잡는다.
2. 가능한 한 천천히 볼을 꽉 조이며 약 3~5초 동안 유지하였다가 천천히 이완한다.
3. 10~15회를 반복하고 다른 손을 교대로 실시한다.

팔목 굽히기(Wrist curl)

1. 손잡이가 있는 의자에 앞 팔(전완)을 올리고 손바닥이 위를 향하도록 아령을 잡는다.
2. 손목을 천천히 안쪽으로 굽혀서 올리고 내리는 동작을 반복하고 10~15회를 반복하고 반대 손을 교대로 실시한다.

〈그림 28〉 팔목 굽히기

머리 위로 팔 올리기(Overhead arm raise)

1. 팔걸이 없는 의자에 앉거나 일어서서,
2. 발의 위치는 바닥에 편평하게 유지하고 어깨너비로 넓힌다.
3. 손바닥이 앞을 향하고 어깨높이에서 팔꿈치를 굽히고 중량을 잡은 상태에서 시작되며 양팔을 올리고 내릴 때 호흡은 천천히 들여마시고,
4. 동작을 1초 동안 유지하고 호흡은 팔을 내리면서 천천히 내쉰다.
5. 10~15회를 반복하고 다른 손을 교대로 실시하며, 휴식을 취하고 10~15회 이상 다시 반복한다.

〈그림 29〉 머리 위로 팔 올리기

앞으로 팔 올리기(Front arm raise)

1. 발은 어깨너비로 넓히고 선 상태에서,
2. 손바닥은 뒤를 향하고 중량을 곧게 내려둔 상태에서 시작한다.
3. 어깨높이에서 양팔을 올리면서 호흡을 내쉬고 곧게 펴고 1초간 유지한다.
4. 천천히 팔을 내리면서 호흡을 들여마시고 10~15회 반복한다.
5. 휴식 후 다시 10~15회 반복한다.

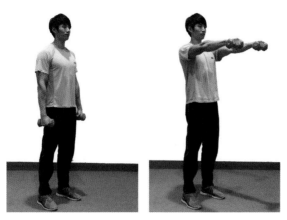

〈그림 30〉 앞으로 팔 올리기

옆으로 팔 올리기(Side arm raise)

1. 팔걸이 없는 의자에 앉거나 일어서서,
2. 발은 바닥에 편평하게 유지하고 어깨너비로 넓힌다.
3. 손바닥이 몸쪽을 향하도록 하고 양쪽에서 곧게 내리고 호흡은 천천히 한다.
4. 양팔을 올리고 내리고 할 때 천천히 호흡을 내쉬고,
5. 동작을 1초 동안 유지하고 호흡은 팔을 내리면서 천천히 들여마신다.
6. 10~15회를 반복하고 휴식 후 다시 10~15회 반복한다.

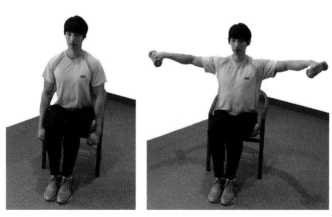

〈그림 31〉 옆으로 팔 올리기

팔 굽히기(Arm curl)

1. 발은 어깨너비로 선 상태에서 손바닥이 앞을 향하도록 하고,
2. 중량을 가슴 방향으로 올리고 내리고 할 때 천천히 호흡을 내쉬도록 한다.
3. 동작을 1초 동안 유지하고 호흡은 팔을 내리면서 천천히 들여마신다.
4. 10~15회를 반복하고 휴식 후 10~15회 반복한다.

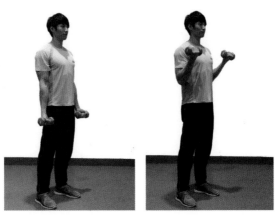

〈그림 32〉 팔 굽히기

앉아서 노 젓기(Seated row)

1. 팔걸이 없는 의자에 앉은 상태에서 바닥에 발을 편평하게 유지하고 어깨너비만큼 넓힌다.
2. 양발 밑에 밴드를 대고 발바닥에 밴드의 끝이 위치하도록 한다.
3. 어깨는 이완하고 팔을 양다리 측면에 뻗을 때 호흡은 천천히 한다.
4. 양팔은 엉덩이 높이까지 올리도록 양 팔꿈치를 당기고 호흡은 천천히 내쉬고,
5. 동작을 1초 동안 유지하고 시작 자세로 돌아가면 천천히 호흡을 들여마신다.
6. 10~15회를 반복하고 휴식 후 다시 10~15회 반복한다.

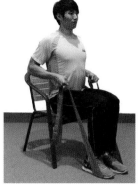

〈그림 33〉 앉아서 노 젓기

벽 밀기(Wall push up)

1. 벽을 바라보고 선 상태에서 팔의 길이보다 조금 더 멀리에 손을 대고 발은 어깨 너비로 넓힌다.
2. 어깨너비와 높이 정도에 손을 편평하게 하고 몸을 앞으로 기댄다.
3. 발은 바닥에 편평하게 유지한 상태에서 호흡은 벽을 향해 팔꿈치를 굽히면서 천천히 들여마시고 동작은 1초 동안 유지한다.
4. 팔이 완전히 펴질 때까지 천천히 밀고 호흡은 내쉬면서 10~15회 반복한다.
5. 10~15회를 반복한 후 다시 10~15회 반복한다.

〈그림 34〉 벽 밀기

팔꿈치 펴기(Elbow extension)

1. 팔걸이가 없는 의자에 앉거나 선 상태에서,
2. 발은 바닥에 편평하게 유지하고 어깨너비로 넓힌다.
3. 손바닥이 몸 안쪽을 향하고 한 손으로 중량을 들고 천장 방향으로 들어올린다.
4. 이때 다른 손은 반대편 팔꿈치를 보조하고 호흡은 천천히 들여마시면서 어깨에 무게를 싣고 팔꿈치가 천천히 펴지도록 올린다.
5. 동작을 1초 동안 유지하고 머리 위로 팔이 곧게 펴질 때 호흡은 천천히 내쉰다.
6. 10~15회를 반복하고 다른 손을 교대로 실시하며, 휴식 후 10~15회 반복한다.

〈그림 35〉 팔꿈치 펴기

의자에서 밀어 일어나기(Chair dip)

1. 팔걸이가 없는 의자에 앉은 상태에서 발은 편평하게 하고 어깨너비로 넓힌다.
2. 앞으로 가볍게 기대고 등과 어깨는 곧게 편다.
3. 의자의 손잡이를 가볍게 잡고 가볍게 호흡을 하면서 실시하며,
4. 의자의 손잡이를 밀어내며 몸통을 천천히 올리고 내리면서 천천히 호흡을 유지하고,
5. 동작을 1초 동안 유지하고 호흡은 팔을 내리면서 천천히 실시한다.
6. 10~15회를 반복하고 휴식을 취한 후 10~15회 반복한다.

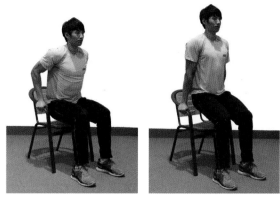

〈그림 36〉 의자에서 밀어 일어나기

뒤로 다리 올리기(Back leg raise)

1. 의자 뒤에 선 상태에서 균형을 유지하면서 천천히 호흡을 유지한다.
2. 무릎을 굽히지 않고 등을 곧게 편 상태에서 한 다리를 뒤로 천천히 올리면서 호흡을 내쉰다. 동작 수행 시 몸통을 앞으로 기대지 않도록 한다.
3. 1초간 동작을 유지하고 호흡은 팔을 내리면서 천천히 들여마신다.
4. 10~15회를 반복하고 다른 다리를 교대로 실시하고 휴식 후 10~15회 반복한다.

〈그림 37〉 뒤로 다리 올리기

옆으로 다리 올리기(Side leg raise)

1. 의자 뒤에 선 상태에서 균형을 유지하면 천천히 호흡을 유지한다.
2. 한쪽 다리를 바깥 방향으로 천천히 올리면서 호흡을 내쉬고 등을 곧게 편 상태에서 발가락의 방향을 앞으로 향한다.
3. 1초간 동작을 유지하고 호흡은 팔을 내리면서 천천히 들여마신다.
4. 10~15회를 반복하고 다른 다리를 교대로 실시하고 휴식 후 10~15회 반복한다.

〈그림 38〉 옆으로 다리 올리기

무릎 굽히기(Knee curl)

1. 의자 뒤에 선 상태로 균형을 유지하면서 천천히 호흡을 유지한다.
2. 무릎을 굽히지 않고 등을 곧게 편 상태에서 엉덩이 방향으로 무릎을 굽히면서 호흡을 내쉰다.
3. 1초간 동작을 유지하고 호흡은 다리가 바닥으로 내리면서 천천히 들여마신다.
4. 10~15회를 반복하고 다른 다리를 교대로 실시하고 휴식 후 다시 10~15회 반복한다.

〈그림 39〉 무릎 굽히기

다리 곧게 펴기(Leg straight)

1. 의자 뒤에 앉은 상태에서 등을 고정하고 타월을 접어서 의자 끝에 허벅지를 받치고 천천히 호흡을 유지한다.
2. 한쪽 다리를 천천히 들어서 완전히 펼 수 있을 때까지 정면으로 천천히 올리면서 호흡을 내쉬도록 한다. 단, 무릎이 움직임에 제한을 받지 않도록 한다.
3. 발목은 천장을 향하도록 하고 각 동작은 1초 동안 유지하고 호흡은 발을 내리면서 천천히 들여마신다.
4. 반복은 10~15회를 반복하고 다른 다리를 교대로 실시하고 휴식 후 10~15회 반복한다.

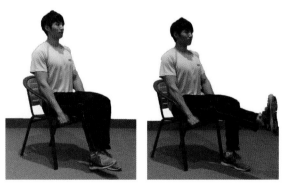

〈그림 40〉 다리 곧게 펴기

의자에서 일어나기(Chair stand)

1. 팔걸이가 없는 의자에 앉은 상태에서 무릎을 굽히고 발은 어깨너비로 넓히고 바닥에 편평하게 유지한다.
2. 손은 가슴 앞에서 십자모양으로 위치하고 등은 기대고 등과 어깨는 곧게 유지한 상태에서 천천히 호흡을 들여마시고,
3. 곧게 앉을 수 있을 때까지 몸통을 앞으로 기울이며 호흡을 내쉰다.
4. 팔을 앞으로 평행하게 펴고 천천히 일어서면서 호흡을 들여마시고,
5. 천천히 앉을 때 호흡을 들여마신다.
6. 10~15회를 반복하고 휴식 후 10~15회 반복한다.

〈그림 41〉 의자에서 일어나기

까치발 서기(Toe stand)

1. 의자 뒤에 선 상태에서 발은 어깨너비로 넓히고 균형을 이룬 상태로 천천히 호흡을 들여마신다.
2. 가능한 한 높이 발가락을 세우면서 호흡을 천천히 내쉬고,
3. 1초동안 동작을 유지하고 뒤꿈치가 바닥에 닿을 때까지 천천히 들여마신다.
4. 10~15회를 반복하고 휴식 후 10~15회 반복한다.

〈그림 42〉 까치발 서기

코어(Core)운동

신체의 중심에 해당하는 복부와 허리, 그리고 골반 등을 구성하는 근육들을 강화하기 위한 운동들로 안정적으로 자세를 유지하고 신체 활동을 하는데 필수적인 운동들이라 할 수 있다.

가로질러 상체 들기

바닥에 등을 대고 무릎은 굽히고 눕는다. 양손을 잡고 한쪽 허벅지에 올려놓고 복부에 힘을 준 상태로 손을 위로 천천히 밀면서 무릎 바깥방향까지 올라가도록 한다. 허리가 바닥에서 떨어지지 않도록 유지하면서 수행한다. 이 운동은 복사근 및 심부근육의 강화 운동이다. 손이 무릎에 위치할 때 숨을 내쉬고 내려올 때 들여마신다. 좌우 교대로 10~15회씩 실시한다.

엉덩이 들기

누운 자세에서 양팔은 바닥에 대고 몸을 버티는 자세를 유지하고 복부에 힘을 주면서 엉덩이를 천천히 들어올려야 한다. 올리면서 숨을 내쉬고 내려오면서 숨을 들여마신다. 복부근육 및 몸통근육의 전체적인 안정화 운동이다. 좌우 교대로 10~15회씩 실시한다.

네 발 기기 자세

무릎을 굽히고 엎드린 자세에서 각각 반대 방향 팔과 다리를 수평지점까지 들어올린다. 10~15초 이상 자세를 유지하며 몸이 흔들리지 않도록 한다. 엉덩이 근육과 척추를 지탱하는 근육들의 운동으로 몸통의 안정성을 높이는데 효과가 있는 운동이다. 호흡은 자연스럽게 유지한다. 좌우 교대로 10~15회씩 실시한다.

옆으로 버티기

몸을 곧게 펴고 바닥에 옆으로 누운 자세를 취한다. 팔꿈치를 굽혀 바닥에 대고 몸을 바닥에서 띄우도록 하여 자세를 유지한다. 몸통과 다리가 일직선이 되도록 자세를 유지하여야 하며 이 자세를 15~30초 이상 유지한다. 복부의 심부근육의 강화 운동이다. 호흡을 자연스럽게 유지한다. 좌우 교대로 10~15회씩 실시한다.

〈그림 43〉 코어운동

제9장

가을에 낙엽을 주울 수 있을까! 유연성

주말에 편안한 자세에서 오랜 TV 시청 중 일어서려다 무릎에서 소리가 나거나 뼈근한 느낌이 나서 조심스럽게 일어났던 경험은 누구나 해보았을 것이다. 특히, 노인들이 고정된 자세에서 동작을 변경하는 과정은 조심스럽기만 하다.

관절의 전체 동작범위에 걸쳐 관절을 움직이는 능력인 유연성은 뼈, 근육, 결합조직과 관련된 건강의 중요한 구성요소이다. 관절 움직임의 제한된 근골격계의 일부 퇴화적인 변화는 노화와 장기간의 신체적 비활동에 따른 자연스러운 결과이다. 노인들의 유연성 감소는 관절 주변의 인대, 건, 관절낭, 근육, 근막, 피부가 굳어지거나 짧아지면서 관절 기동성을 감소시키는 관절구축의 형태로 이어진다.

관절에 따라 유연성은 30세에서 70세 사이에 20~50%가 감소하는 것으로 조사되었다. 동작범위의 감소는 계단을 오르내리거나, 남의 도움 없이 옷을 입거나, 욕조 또는 차 안으로 들어가고 나오는 것과 같은 필수적인 일상적 활동을 수행하기 어렵도록 만든다.

유연성의 부족은 관절과 관절 위를 지나가는 근육의 부상 가능성을 증가시키며 평형성과 안정성 상실로 인한 넘어짐의 위험성을 증가시킨다. 다행히도 대부분의 관절 유연성은 전체 가동범위에 걸쳐 관절을 사용함으로써 그리고 관절 위를 지나가는 근육들을 신장시키는 신체 활동을 실시함으로써 노년에도 유지될 수 있다. 활동적인 노인들은 비활동적인 노인보다 고관절, 척추, 발목, 그리고 무릎에서 더 나은 유연성을 보인다. 비록 운동의 효과는 운동하는 관절에 특정적이지만 정적 및 동적 스트레칭, 유산소운동, 저항 트레이닝은 노인들의 가동범위를 증가시키는 것으로 밝혀졌다. 그 밖에도 규칙적인 활동은 퇴행성 관절질환과 관련된 통증 또는 신체장애의 정도를 감소시킬 수 있다. 유연성에서의 가장 큰 향상을 위해서는 전체 가동범위에 걸쳐 관절이 안전하게 움직여야 한다.

지난가을, 단풍 나들이를 만끽하다가 바닥에 떨어진 낙엽 하나를 줍고자 하였는데 허벅지가 당겨 무릎을 굽히기 어렵고 허리 역시 내 맘대로 조절하기 어려웠다면, 요통이 발생할 가능성이 높거나 현재 통증이 발생하였을 것이다.

나이가 증가함에 따라 모든 관절과 근육조직의 경직이 발생하게 되는데 특히, 노인들에게 유연성이 중요한 것은 관절의 통증과 경직 정도를 감소시키는데 도움을 줄 수 있기 때문이다. 경직을 달리 말하면 움직임을 만들어내는데 필요한 힘이라고 할 수 있지만 경직 정도가 지나치게 높으면 움직임을 수행하는데 통증을 느끼게 될 수 있어 경직 정도를 조절하는 것이 중요하다. 또한 유연성과 근력은 상호보완관계이며 비례관계라고 할 수 있는데 동작이 부드러워야 힘을 효율적으로 사용할 수 있고 결과적으로 노인들에게 유연성이 증가한다는 것은 곧 근력이 증가한다고 설명할 수 있다.

유연성을 개선하기 위한 가장 기본적인 방법으로 스트레칭이 있는데, 정해진 관절의 범위에서 정지된 동작을 일정 시간을 유지하는 정적 스트레칭은 노인들에게 효과적이다. 스트레칭 자체가 운동 강도가 높지 않고 장소에 구애받지 않기 때문에 상체, 하체, 그리고 복부로 나누어 10여 가지 동작을 통해 하루 1번 이상 매일 실시하는 것이 효과적이다.

1 | 효율적인 몸을 위한 유연성을 준비하자!

스트레칭을 통한 유연성 운동은 노인들을 위한 신체 활동 프로그램에 중요한 부분을 차지하고 일상생활에서 옷 입기, 선반 위로 손 뻗기 등 동작의 자유로움을 제공한다. 스트레칭은 유연성뿐만 아니라 최소의 근력을 개선하는데도 도움이 될 수 있다.

스트레칭은 일주일에 3~5회 이상 수행해야 하고 모든 동작을 수행 시에는 가능한 가동범위를 이용하고 통증 없이 10~30초 이상 유지하는 것이 중요하다. 또한 스트레칭 전에는 근골격계 질환 및 정형외과적 문제에 대해서 운동 전문가와 상의해서 진행해야 한다.

대부분 사람은 준비운동을 할 때 스트레칭을 먼저 하는 경우가 많은데, 체온을 올리는 과정이 필요하며, 가볍게 걷기 혹은 자전거 타기를 5분간 실시하고 시작하도록 한다. 그렇지 않을 경우, 운동 중 운동부상에 노출될 수 있다. 또한 가능한 국부적인 부분만 필요에 따라 하는 것보다는 전신을 부위별로 진행하여 동작을 순서대로 숙지하도록 한다!

대부분 노인이나 일반인은 스트레칭을 하면서 기억이 나지 않는다고 말을 한다. 하지만 그것은 한마디로 말한다면 자신의 근육이 무슨 동작을 하고 있는지 기억을 하지 못한다는 말이다. 따라서 부위별 순서를 정하고 사용부위의 근육에 집중하여 진행하는 것이 중요하다.

스트레칭의 기본방법

- 스트레칭 시 항상 자연스럽게 호흡을 한다.
- 스트레칭 시 조금 당기는 느낌이 드는 것은 일반적인 느낌이다.
- 관절이나 근육에 통증이 발생한 경우는 지나치게 관절의 범위를 벗어난 것이고,
- 특히, 노인들의 스트레칭 방법에서 반동을 주는 것은 잘못된 것이며, 이러한 동작으로 근육이 경직되거나 부상이 발생할 수 있다.
- 스트레칭 동작 수행 시 사용되는 관절의 움직임 제한이 발생하지 않도록 한다. 지나치게 곧게 펴려고 하기보다는 가볍게 굽혀 여유를 주는 것이 스트레칭에 도움을 줄 수 있다.

목(Neck)

1. 서 있거나 앉은 상태에서 발은 바닥에 편평하게 어깨너비로 유지한다.
2. 머리를 가볍게 오른쪽으로 돌려 늘어나는 느낌으로 목의 움직임 각도가 뒤나 앞으로 기울어지지 않도록 주의한다.
3. 10~30초 정도 동작을 유지하고 다시 방향을 바꾸어서 왼쪽으로 10~30초 정도 유지한다. 좌우로 최소한 3~5회 반복한다.

〈그림 44〉 목

어깨(Shoulder)

1. 벽에 기대어 발은 어깨너비로 유지하고 팔을 어깨높이로 팔을 좌우로 넓혀준다.
2. 손가락은 천장을 향하고 팔꿈치는 굽히며 손등을 벽에 기대도록 한다. 어깨가 가볍게 늘어나는 느낌을 유지하고 지나친 통증이 느껴지면 바로 멈추도록 한다.

3. 10~30초간 동작을 유지하고,

4. 팔꿈치는 굽힌 자세 그대로 팔을 앞으로 돌려서 손가락은 바닥을 향하도록 하며 어깨가 가볍게 늘어나는 느낌으로 하고, 지나친 통증이 느껴지면 바로 멈추도록 한다.

5. 동작은 10~30초 정도 유지하고 최소한 3~5회 반복한다.

〈그림 45〉 어깨

어깨와 상완(Shoulder and Upper Arm)

1. 어깨너비로 서 있는 자세에서 오른손으로 수건의 끝을 잡는다.

2. 등 뒤에서 오른손이 굽혀지도록 왼손으로 수건의 끝을 잡고 아래로 당긴다.

3. 오른쪽 어깨가 늘어나는 느낌이 들 때까지 아래로 당긴 후 오른손으로 왼쪽 어깨가 굽혀지도록 위로 당겨준다.

4. 왼손과 오른손을 바꾸어서 교대로 실시하고 최소한 3~5회 실시한다.

〈그림 46〉 어깨와 상완

상체(Upper Body)

1. 발은 어깨너비로 넓히고 팔을 조금 멀다는 느낌으로 벽에 기댄 상태에서,
2. 몸을 앞으로 기대고 손바닥을 어깨높이와 너비로 벽에 기댄다.
3. 등은 곧게 펴고 팔을 자신의 머리 위로 올릴 수 있을 때까지 천천히 올리면서 앞으로 걸어간다.
4. 손은 머리 위에서 10~30초 동안 유지하고,
5. 천천히 앞으로 걸었다 뒤로 걷기를 반복하며 최소한 3~5회 실시한다.

〈그림 47〉 상체

가슴(Chest)

1. 팔걸이가 없는 의자에서 앉거나 서 있는 상태에서 실시하고,
2. 발은 편평하게 바닥에 위치하고 어깨너비로 넓힌다.
3. 팔은 어깨높이에서 양쪽으로 넓히고 손바닥은 앞을 향하도록 한다.
4. 팔을 천천히 뒤로 움직이며, 어깨가 늘어나는 느낌이 들면 멈추도록 한다.
5. 10~30초 동안 동작을 유지하고 최소한 3~5회 반복한다.

〈그림 48〉 가슴

등(Back 1)

1. 팔걸이 없는 의자에 앉아서 발은 어깨너비로 넓히고,
2. 골반을 앞으로 굽히는 느낌으로 천천히 굽히고 등과 목은 곧게 펴도록 한다.
3. 턱은 아래로 목은 이완하고 정강이 방향으로 손을 미끄러져 내려가듯 천천히 앞으로 굽히고 늘어난 느낌이 들면 정지하도록 한다.
4. 10~30초 정도 유지하고 천천히 처음 자세로 돌아온다.
5. 최소한 3~5회 반복한다.

〈그림 49〉 등 부위

등(Back 2)

1. 팔걸이가 있는 의자에 앉아 가능한 한 곧게 상체를 세우고 발은 어깨너비로 편평하게 유지한다.
2. 골반의 움직임 없이 허리와 머리의 방향을 왼쪽으로 천천히 돌리고 왼손은 왼쪽 팔걸이를 잡고 가능한 한 멀리 늘리는 동작을 유지한다. 동작은 반대방향으로 교대로 실시한다.
3. 10~30초 동안 유지하고 최소한 3~5회 이상 실시한다.

〈그림 50〉 등 부위

등 상부(Upper back)

1. 팔걸이가 없는 의자에 앉아서 어깨너비로 발을 편평하게 유지하고
2. 손바닥은 바깥방향을 향하고 어깨높이에서 뻗은 상태에서 어깨는 이완하고
3. 상체는 그대로 유지하고 손을 앞으로 더욱 뻗으려는 느낌으로 10~30초를 유지한다.
4. 최소한 3~5회 반복한다.

〈그림 51〉 등 상부

발목(Ankle)

1. 팔걸이가 없는 의자 끝에 앉아서 다리를 뻗고 바닥에 뒤꿈치를 대고 발가락을 당겨서 발목을 굽히도록 한다.
2. 10~30초 동안 동작을 유지하고 양발을 교대로 실시한다.
3. 최소한 3~5회 반복하도록 한다.

〈그림 52〉 발목

다리 후면 1(Back of Leg 1)

1. 등을 대고 누운 상태에서 왼쪽 무릎을 굽히고 발은 바닥에 대고
2. 무릎을 가볍게 굽히고 오른쪽 다리를 올리도록 한다.
3. 두 손으로 오른쪽 다리를 잡고 닿도록 하며 머리와 어깨는 바닥에 대고 있는다.
4. 조금 당겨지는 느낌이 날 때까지 오른쪽 다리를 부드럽게 당긴다.
5. 10~30초간 동작을 유지하고 최소한 3~5회 반복하며 교대로 반대 다리를 실시한다.

〈그림 53〉 다리 후면 1

다리 후면 2(Back of Leg 2)

1. 두 다리를 나란히 올릴 수 있는 벤치 혹은 고정된 표면에서
2. 발가락을 곧게 세우고 벤치 밖으로 한쪽 다리를 내리고 고정한 후 다른 다리는 편평하게 유지한다.
3. 늘어나는 느낌이 나는 지점에서 10~30초 동안 동작을 유지한다.
4. 만약 늘어나는 느낌이 나지 않는다면, 벤치에 올려둔 다리가 늘어나는 느낌이 들 때까지 엉덩이를 앞으로 기대어본다.
5. 최소한 3~5회를 반복하고 반대 다리도 교대로 실시한다.

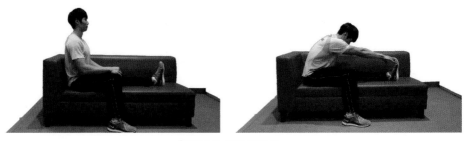

〈그림 54〉 다리 후면 2

대퇴(Thigh 1)

1. 두 무릎과 다리를 곧게 펴고 한쪽 방향으로 누운 상태에서 한쪽 손은 머리 위로 위치시키고 한쪽 무릎을 굽혀서 잡는다. 만약 잡을 수 없다면 발등에 탄력밴드 혹은 벨트를 이용하여 잡을 수 있도록 한다.
2. 대퇴부가 늘어나는 느낌이 들 때까지 다리를 당겨서 10~30초 정도 동작을 유지하고,
3. 최소한 3~5회 반복하고 반대 다리도 교대로 실시한다.

〈그림 55〉 대퇴 1

대퇴(Thigh 2)

1. 어깨너비로 다리를 넓히고 의자 뒤에 서 있는 자세에서 무릎을 곧게 펴고,
2. 오른손으로 의자를 잡고 균형감을 유지한다.
3. 왼손으로 무릎을 굽혀서 발을 잡고 균형을 유지하며, 대퇴부위가 늘어나는 느낌이 들 때까지 다리를 부드럽게 당기도록 한다.
4. 10~30초 이상 유지하고 최소한 3~5회 이상 실시하며 반대 다리도 교대로 실시한다.

〈그림 56〉 대퇴 2

엉덩이(Hip)

1. 누운 상태에서 무릎을 굽히고 발은 바닥에 편평하게 하고 동작수행 중 어깨는 바닥에 닿은 상태로 유지한다.
2. 한쪽 다리를 가능한 한 편안한 상태로 측면으로 내리고 반대 다리는 움직이지 않도록 고정한다.
3. 10~30초 이상 동작을 유지하고 최소한 3~5회 이상 실시하며 반대 다리도 교대로 실시한다.

〈그림 57〉 엉덩이

요부(Low back)

1. 누운 상태에서 무릎을 굽히고 발은 바닥에 편평하게 유지하고 동작수행 중 어깨는 바닥에 닿은 상태로 유지한다.
2. 양쪽 다리를 가능한 한 편안한 상태로 한 측면으로 천천히 내리고 반대 방향으로 교대로 실시한다.
3. 10~30초 이상 동작을 유지하고 최소한 3~5회 이상 실시한다.

〈그림 58〉 요부

장딴지(Calf)

1. 발은 어깨너비로 넓히고 벽에 팔의 길이보다 조금 멀리 기대어 바라보며 선 자세에서,
2. 어깨높이와 너비의 상태에서 손바닥으로 벽을 밀면서,
3. 오른쪽 다리는 한 발 앞으로 내밀고 무릎을 굽히고 왼쪽 다리의 장딴지가 늘어나는 느낌이 들 때까지 가볍게 굽힌다. 만약 늘어나는 느낌이 들지 않는다면, 늘어나는 느낌이 들 때까지 오른쪽 무릎을 굽혀도 된다.
4. 10~30초 동안 동작을 유지하고 시작 자세로 돌아간 후 반대 다리를 실시하며 최소한 3~5회 실시한다.

〈그림 59〉 장딴지

톱질하기(Buddy stretch)

1. 앉은 상태에서 파트너와 발바닥을 마주 대고 서로 바라보면서 양손에 탄성 밴드 혹은 수건의 끝을 잡고 각각 서로의 유연성을 고려하여 천천히 밴드나 수건을 당겨주면서 몸통을 앞뒤로 움직이도록 한다.
2. 10~30초 이상 동작을 유지하고 최소한 3~5회 이상 실시한다.

〈그림 60〉 톱질하기

제 **10** 장

넘어짐을 예방하자!
낙상

균형(Balance)은 주어진 환경 내에서 자신의 기저면 위에 신체 중심을 유지하는 능력이다. 신체의 균형을 적절하게 유지하기 위해서는 환경에 대한 정확한 인식과 이에 대하여 올바른 대응방법이 필요하다. 이러한 대응방법에는 첫째, 감각계를 통하여 환경과 자신의 신체 위치에 대한 정보를 계속적으로 수집해야 하고, 둘째, 이러한 정보에 따라 적절하고 효과적인 반응, 근력, 관절 가동범위를 포함한 유연성 등 효과계에 의한 반응이 있어야 한다. 이러한 요인들 중 적어도 어느 한 부분의 결함이 생기면 신체 균형 유지가 어렵게 되고 결국 낙상을 당하거나 기능적인 신체 활동에 제한을 받게 된다.

　낙상은 생의 모든 주기에 걸쳐 발생하며, 특히 65세 이상의 노인에서 많이 발생되는데, 75세 이후에는 낙상이 완만하게 증가하다가 80~84세 사이에 최고조에 이르며 85세 이상에서는 생존율이 감소하고 활동의 제한이 많기 때문에 빈도수가 감소하게 된다고 보고한다.

　낙상은 외적인 충격 없이 일상생활을 수행하는 동안 비의도적으로 균형이나 안정성을 잃으면서 신체의 일부분이 바닥에 닿는 것을 의미한다. 낙상은 내적인 요인과 외적인 요인에 의해 발생되며, 내적인 요인은 근력변화, 관절, 시각 감각 손상, 전정기능의 감소, 기립균형과 가동성의 감소와 관련이 있다. 또한 모든 낙상의 10~25%는 균형 감소와 비정상적인 보행과 관계가 있다고 하였다. 외적 요인은 환경적인 요소를 포함하며 주위 환경적 장애물, 즉 의자, 침대, 화장실, 흐린 조명, 젖은 마룻바닥과 난간이 없는 계단 등이 넘어짐을 유발시킨다.

　낙상을 입은 노인들은 대부분 내재적 요인에 의한 기능적 문제가 원인으로 작용하고 있다〈표 11〉.

〈표 11〉 낙상의 위험요인

내재적 요인	외재적 요인
고령 여성 만성질환 신경근육계 기능장애 시력과 청력 장애 걷기와 균형의 장애 인지장애 일상생활 의존 정도	약물 환경적 위험 부적합한 보조장치

　　낙상은 노인의 건강을 위협하는 가장 심각한 문제 중의 하나이고, 신체적 손상뿐 아니라 정신적인 피해까지 가져오며, 낙상에 의해 유발된 통증 때문에 움직이는데 제한을 받게 된다. 낙상에 의한 상해는 고관절 또는 다른 부위의 골절과 심한 연골의 손상을 포함하며, 손상의 심각성과 관계없이 한 번의 낙상으로 낙상에 대한 두려움을 초래하여 낙상으로 인한 두려움은 사회적 활동을 제한하며, 낮은 주관적 건강도, 신체기능의 약화, 낙상에 의한 상해와 관절의 통증 등의 특징을 가지게 된다.

　　최소한 60대부터 운동을 규칙적으로 수행한 사람일수록 낙상의 위험을 감소시킬 수 있다는 연구도 있고, 규칙적인 운동은 심폐기능 향상, 근력의 증가, 관절 유연성 등을 강화시키며, 또한 정신적으로도 긍정적인 영향을 가져와 불안과 우울함에 대한 민감도를 개선시킬 수 있다.

1 | 자세 조절

　노인들의 낙상 원인을 기능적 측면에서 살펴보면, 서 있는 자세 조절능력 감소, 자세 이동의 증가, 동적 균형능력 감소, 보행 속도와 가동성의 감소, 그리고 의자에서 일어나는 능력의 감소가 유의한 상관성이 있는 것으로 나타났다.

　자세 조절은 특정한 공간 영역 내에서 신체의 위치, 특히 신체의 무게중심을 유지하는 능력으로 일상생활 동작과 보행 시 반드시 필요하다. 자세 조절에서 대칭성의 부족은 앉고 일어서기, 보행, 서 있는 자세에서 낙상의 최대 원인으로 제시되었으며, 따라서 대칭적인 서기 자세는 이동능력의 적절한 기능을 위한 기본이 된다. 앉은 자세로부터 일어서기(sit-to-stand)동작은 앉은 자세에서 일어서서 다른 자세로 옮기기(transferring), 걷기(walking), 돌기(turning)와 같이 일상생활에서 빈번하게 행해진다.

　노인의 앉은 자세에서 일어서기 동작은 자세 이동, 반응 시간, 하지 근력, 균형력과 같은 요인들과 유의한 상관관계가 있으며, 특히, 특정한 하지 근력의 수준보다 균형력과 이동성에 유의한 영향을 미치는 것으로 나타난다. 또한 양쪽 다리의 불균형은 자세 변화 시 균형능력을 상실시켜 낙상을 발생시키고 하지의 수직 충격량(지면반력)의 차이가 몸무게의 30%보다 낮은 사람이 더 안정되고 빠른 보행을 수행하는 것으로 나타났다.

감각과 운동기능

중추 및 말초 신경계에서의 노화와 관련된 변화는 느려진 단순반응시간과 선택반응시간 그리고 감소된 신경전도 속도뿐만 아니라 전달되는 감각정보를 통합하는 능력에서의 변화 또한 가져온다. 현저한 신경적 변화는 발과 발목의 감소된 고유감각, 발의 감소된 진동성 감각, 감소된 전정계(vestibular system)의 기능을 포함한다. 이러한 변화들은 나이가 많아지면서 계속해서 점차 더 커지며 상지보다는 하지에 더 큰 영향을 미친다.

중추신경계의 정보처리, 특히 감각통합, 편성, 또는 반응준비를 요구하는 운동과제의 수행은 나이가 많아지면서 느려진다. 느려진 반응 시간은 반응이 이루어질 수 있는 속도에 대한 정확한 통제력의 상실 또는 빠르고 느린 반응 사이의 미세한 차이의 상실과 관련 있을 것이다. 정확하게 움직일 수 있는 자신의 능력보다 더 빨리 움직이도록 요구될 때에는 노인은 운동수행에 있어 더욱 심각한 실수를 범할 것이다. 수행하는 움직임의 속도를 늦춤으로써 자신들의 신체 활동 수행능력과 안전을 증가시킬 수 있을 것이다.

위치감각(신체 상호 간의 위치와 공간에서의 신체방위에 대한 지식) 또는 접촉 민감성의 손상과 같은 체성감각 이상은 넘어짐의 위험 그리고 자세 불안정성의 증가와 관련이 있다. 위치감각에서의 노화와 관련된 변화는 여성보다 남성에게서 먼저 일어난다. 중추신경계 처리에서의 노화와 관련된 변화 역시 자세를 유지하는 것과 직접적으로 관련된 하지의 움직임에 영향을 미친다. 여러 관절을 움직여야 하고 여러 동작을 선택해야 할 때에는 CNS 처리에서의 노화와 관련된 느려짐이 반응에 상당한 영향을 미치면서 예상하지 못한 균형의 상실이 일어날 수도 있다.

발의 위치 인식 또한 나이가 많아지면서 저하되며, 부적절한 신발은 이러한 손상을 더욱 악화시킬 수 있다. 따라서 고유 감각적 정보를 최대화시킬 수 있도록 낮은 굽 그리고 얇고 딱딱한 바닥의 신발이 불안정한 노인에 의해 사용되도록 권장되어야 한다.

2 | 낙상 vs 균형

기본적인 균형운동으로 낙상을 예방할 수 있고 낙상으로 인한 장애를 피할 수 있게
해준다.

외발 서기

1. 균형을 유지하면서 의자에 기대고 뒤에 서서 10초 이상 유지하도록 한다.
2. 10~15회를 반복하고 다른 발을 교대로 반복한다.

〈그림 61〉 외발 서기

뒤꿈치에 발끝 대고 걷기

1. 한 발의 뒤꿈치에 다른 발의 발가락을 대고 선 자세에서,
2. 균형감을 유지하면서 발가락과 뒤꿈치를 앞뒤로 교대로 걸어나간다.
3. 20회 걸음을 실시한다.

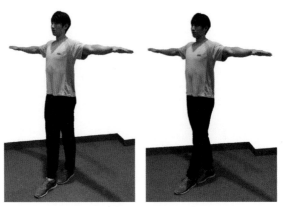

〈그림 62〉 뒤꿈치에 발끝 대고 걷기

다리 들고 걷기

1. 양팔을 어깨높이만큼 바깥으로 들고,
2. 균형감을 유지하며 무릎을 들면서 앞으로 나아간다.
3. 걸어나가는 다리는 올린 상태에서 1초간 유지하고,
4. 20회 반복한 후 다른 발을 교대로 실시한다.

〈그림 63〉 다리 들고 걷기

발 내딛고 균형 잡기

1. 양발을 어깨너비로 벌려 선 상태에서 골반은 틀어지지 않도록 한다.
2. 가슴은 펴고 턱을 당기며 손은 옆구리에 둔다. 또한 복부와 엉덩이에 힘을 준다.
3. 발은 앞으로 향하고 무릎을 든 상태에서 앞으로 발을 내딛는다.
4. 앞으로 디딘 발에 힘을 주고 다시 몸을 세우고 뒤쪽의 다리로 균형을 잡는다. 동작을 10~15회 반복하고 반대 다리도 동일하게 수행한다.

〈그림 64〉 발 내딛고 균형 잡기

균형능력을 더욱 향상시키기 위한 방법

균형능력을 더욱 향상시키기 위해 수행하는 운동 중 의자 혹은 벽에 기대는 동작에서 가능하면 기대지 않거나 닿지 않으려고 노력을 하고 눈을 감고 뜨고 동작을 병행하는 시각적 제한을 통해 동작을 수행하면 더욱 다양한 자극과 변화를 줄 수 있게 된다. 물론 안전을 위해서 초보자나 신체기능이 부족한 노인들은 보조자의 도움을 받도록 한다.

〈그림 65〉 균형능력을 위한 부가적 방법

균형운동에 도움이 되는 동작은 근력 운동과 병행하면 더욱 개선할 수 있으며 뒤로 다리 올리기, 옆으로 다리 올리기, 까치발 서기 등의 동작을 이용한다(**근력 참고**).

부록

노화에 따른 노인의 운동기능 변화

운동 전후 자신의 능력이 젊었을 때의 느낌과 어떻게 달라졌는지 한번 생각해보는 것도 안전한 운동을 위한 방법이 될 수 있다. 노화에 따른 운동기능의 변화를 살펴보자!

(1) 체력/생리적 예비력의 저하

① 선 자세에서 허리 앞으로 굽히기(유연성)는 이미 30~40세부터 급격히 저하

② 수직 점프(순발력), 사이드스텝(민첩성)이나 각근력도 해마다 저하

③ 고령자에게는 럭비, 축구 등 운동 강도가 높고 민첩성을 필요로 하는 스포츠경기는 부적절

④ 호흡-순환기능, 특히 전신지구력의 지표인 최대 산소섭취량은 50세가 되면 20세 측정치의 약 50%로 저하

(2) 개인차의 증대: 적극적인 신체 활동을 동반한 생활습관은 어느 정도 체력의 저하 방지

(3) 조직의 약화

① 연령증가에 따라서 장기 조직의 유연성이나 탄력성이 저하

② 근력뿐 아니라 근육량의 감소

③ 혈관도 동맥경화의 상태가 되면 유연성이 저하되고 약화

(4) 회복의 지연: 운동에 따른 피로로부터의 회복이 늦어지기 때문에 운동 후에는 충분한 휴식

(5) 혈압의 상승

① 연령증가에 따라 수축기 혈압의 상승

② 근력 운동 시 호흡을 멈추거나 근육의 길이는 변하지 않고 근력이 유발되는 등척성 운동 유의

③ 덤벨, 튜브체조 같은 저항성 트레이닝 권장

(6) 최고 심박수의 저하

운동 중 심박수가 동일하여도 고령자는 젊은 사람과 비교하면 최대 운동에 대한 상대적 부하강도가 증가

(7) 운동 허용량 감소

① 강도가 높은 운동의 수행 시 위험성 증가

② 획일적인 운동보다 다양한 운동 선호

③ 성별, 연령, 체력, 질병 유무 등의 의학적 소견, 각 개인의 운동경험 등을 충분히 고려하여 맞춤식 운동 프로그램 작성

신체적 기능평가
(FMS: Functional Movement Screen)

신체 활동이 감소하고 비활동을 오래 지속하면 편향적으로 근육이 발달하고 약화된다. 결과적으로 사용하는 방법에 따라 변화가 일어나 부위별 근육운동보다 전체적으로 균형적이고 동작을 이루어 수행하는 것이 좋은 방법이다.

기본적인 신체 움직임을 통해 근육발달과 기능적 동작이 자연스럽게 수행되는지 여부를 평가할 수 있는데, 미국의 그레이 쿡에 의해서 개발되어 사용되고 있다. 그 평가방법을 Functional Movement Screen(FMS)이라 하며, 다양한 운동에서 사용되는 동작과 기본적인 신체 움직임의 공통점을 찾아 7가지 동작으로 구성되어 있고 동작의 수행 정도와 균형능력을 통해 평가한다. FMS를 운동으로 적용하거나 평가하기 전에는 가볍게 줄넘기를 하거나 팔 벌려 높이뛰기 등의 준비운동을 실시한다.

각 동작은 수행 정도와 수행과정 중 불편감에 따라 0~3점을 부여한다.

0점: 불편함(통증)이 있거나 동작을 끝까지 수행하지 못하는 경우
1점: 동작을 완전히 수행하지 못한 경우
2점: 동작을 수행하는데 미흡하거나 잘못된 동작으로 대체하는 경우
3점: 동작의 세부사항을 완전히 수행한 경우

1. 깊게 앉기(Deep squat)

사용부위: 엉덩이, 어깨, 무릎, 척추, 그리고 발목

봉은 양손의 팔꿈치가 완전히 편 상태로 잡고 발은 발끝이 정면을 향하여 어깨너비로 유지한다. 완전히 내려갈 수 있을 때까지 천천히 앉으며, 이때 무릎이 발끝을 넘지 않고 상체를 곧게 세우도록 한다. 이 동작은 깊게 앉을 때 무릎과 고관절이 완전히 굽혀지고 발목과 체중의 중심이 유지되도록 한다.

허리는 곧게 하고 중심을 잡고 엉덩이, 허리, 그리고 허벅지의 근력이 부족하거나 유연하지 못하다면, 허리를 곧게 펼 수 없을 것이고 어깨가 굽어질 수밖에 없을 것이다. 특히, 좌우측이 차이가 나타나면, 운동성과 안정성이 낮은 것으로 평가할 수 있다.

뒤꿈치가 올라가면 2점/부위별 문제가 발견되면 1점

2. 허들 걷기(Hurdle step)

사용부위: 엉덩이, 무릎, 그리고 발목

허들의 높이를 무릎보다 약간 낮은 높이로 위치를 정하고 양발은 모은 상태에서 봉을 어깨에 올려 잡는다. 허리를 곧게 편 상태에서 다리를 허들 높이로 든다. 좌우 교대로 실시한다.

허들 걷기는 엉덩이 관절을 90도 정도 굽히고 가상의 장애물을 건너는 동작이다. 이 동작은 균형을 잃지 않고 상체와 하체가 일직선으로 움직이는 것이다. 만약 균형을 잃거나 자세를 유지하지 못한다면, 어깨 위의 봉은 지면과 평행하지 않거나 무릎이 정면이 아닌 바깥쪽을 향하고 허리를 굽히거나 몸을 앞뒤로 기울이게 된다.

흔들리거나 뒤로 기울여지면 2점/불균형적으로 몸을 유지 1점

3. 한 줄로 무릎 굽히기(In-line lunge)

사용부위: 발목과 무릎의 안정성

발을 일직선으로 앉는 동작으로, 신체적 제어능력이 필요하며 체중을 분산시켜 균형을 유지하며 이동할 수 있는 능력이 필요하다. 일직선상에 발을 앞뒤로 위치하고 앞발과 뒷발 간 거리는 무릎을 굽혔을 때 뒷무릎이 앞발의 뒤꿈치에 닿을 정도로 둔다. 봉은 등 뒤로 잡고, 상체는 곧은 자세를 취한다. 뒷무릎은 땅에 닿을 정도로 굽히도록 한다. 좌우 교대로 실시한다.

허리가 굽혀지거나 무릎이 바닥에 닿지 않고 몸이 좌우로 기울어지면 2점
전체적으로 불균형이면 1점

4. 어깨 운동성(Shoulder mobility)

사용부위: 어깨의 관절가동범위, 어깨의 내외회전

양손을 등 뒤에서 맞닿도록 한 상태에서, 엄지손가락이 위아래로 닿을 수 있도록 주먹을 쥔다. 일상생활의 대부분 동작은 상체를 이용하는 경우가 많은데 대부분 불편함이 발생하더라도 지속적으로 사용할 수밖에 없다. 노화에 따라 움직임의 범위가 점점 좁아지며, 어깨가 가장 다양한 동작을 할 수 있는 부위이기 때문에 평소에 적절한 유연성을 유지하는 것이 중요하다. 이 동작은 주먹과 주먹 간의 거리가 가까울수록 좋다고 할 수 있다.

주먹 간의 거리가 1.5배인 경우 2점/그 이상의 간격인 경우 1점

5. 다리 곧게 펴서 올리기(Active straight-leg raise)

사용부위: 햄스트링과 장딴지의 유연성, 엉덩이 움직임, 그리고 골반의 안정성

누워서 다리 올리기를 안정적으로 수행하기 위해서는 골반, 허리, 그리고 복부가 안정적으로 받쳐주어야 하고 대퇴 후면의 햄스트링의 유연성을 중심으로 서혜부(사타구니) 장요근의 유연성이 필요한 동작이다. 손바닥은 위쪽을 향하고 팔을 양쪽으로 자연스럽게 놓고 누운 상태에서 발끝을 당기고 무릎을 펴고 최대한 들어올린다. 허리와 엉덩이가 움직이지 않도록 주의하며 좌우 교대로 실시한다.

**발목의 위치가 무릎과 전상장골극(발이 지면과 90도) 사이에 위치하면 2점
무릎과 발목 사이면 1점**

6. 몸통을 유지하고 팔굽혀펴기(Trunk stability push up)

사용부위: 몸통 안정성과 코어

일반적인 팔굽혀펴기에 비해 손의 위치는 더 높은 지점에 두고 동작을 취하고 전반적인 몸통의 안정성을 파악할 수 있다. 동작수행 시 허리나 엉덩이 부위가 돌아가거나 굽혀진 자세가 나타나면 몸통의 안정성에 도움이 되는 근육들이 제 역할을 못하는 것으로 볼 수 있다. 남성의 경우 손의 위치는 정수리에 두고 여성은 턱의 위치에서 시작한다.

**허리와 엉덩이에서 처짐이 없이 몸을 들어올린다 2점
남자와 여자 각각 턱과 쇄골 위치에서 제대로 수행하지 못할 경우 1점**

7. 몸통 회전 안정성(Rotational stability)

사용부위: 코어 안정성과 비대칭

같은 방향의 팔과 다리를 무릎과 손바닥을 지면에 대고 엎드린 자세에서 몸과 평행하게 뻗는 자세를 유지한다. 그리고 뻗었던 팔과 다리의 팔꿈치와 무릎을 안쪽으로 모아 서로 닿게 하며 반대도 교대로 실시한다. 만약 같은 방향의 팔다리를 사용하여 수행하지 못할 경우, 팔다리를 교차하여 자세를 유지해도 된다.

엎드린 자세에서 상체와 하체가 함께 움직일 때 골반과 코어 근육, 그리고 어깨의 움직임을 조절하는 어깨(견갑대)의 안정성이 적절하게 조절이 되는지 평가하는 것이다. 이 동작이 가능하다는 것은 불안정한 상태에서 몸의 중심을 이동하고 동작을 조절할 수 있다는 것이고 동작을 수행할 수 없다면 몸통과 코어근육의 안정성이 저하되어 있으며, 견갑대와 고관절의 안정성과 운동성이 저하되어 있다는 것이다.

운동과 준비운동

　다양한 신체 활동과 운동은 노인들의 건강과 독립생활을 향상시킬 수 있다. 현재 하고 있는 운동이나 일상생활의 신체 활동은 지구력, 근력, 균형능력, 그리고 유연성의 체력요인을 포함하여 구성되어야 한다. 하지만 누구에게나 마찬가지로 노인들의 운동과정 중에도 운동 전후에 준비운동과 정리운동을 실시하는 것도 중요하다. 최소한 5분 이상의 시간을 포함한 준비운동과 정리운동은 신체 활동을 위한 근육이 준비하는 기회를 주고 운동 종료 시 점차적으로 안정 상태로 돌아가도록 도와준다. 또한 운동 전후, 운동 중 부상을 예방하고 근육통을 감소시켜 준다.

　5분간 걷기와 고정식 자전거 타기와 같은 가벼운 운동으로 시작하고 만약 빠르게 걷기나 달리기를 할 수 있다면 점차적으로 페이스를 올리도록 한다.

준비운동(Warm up)

준비운동은 근력/근지구력 운동과 심폐지구력 운동을 수행하기 전에 필수적으로 수행해야 하는 운동으로, 노인들을 위해 의자에 앉아 움직일 수 있는 동작으로 구성하였다.

대부분의 준비운동은 서서 하는 동작 중심인 데 비해 앉아서 실시하는 동작을 중심으로 구성하였다. 체온을 상승시키고, 혈액순환을 증진시키며 운동 중 부상의 위험을 감소시키는 본래의 목적뿐만 아니라 유산소운동의 효과와 근력/근지구력 개선을 위해서 적용할 수 있다. 또한, 평형성과 같은 체력 요인들을 향상시키는 등 복합적인 목적을 갖는 운동이기 때문에 체력수준이나 신체 컨디션에 따라 본 운동으로 사용할 수 있다.

의자에 허리를 곧게 펴고 등을 대지 않고 앉은 상태에서 한쪽 무릎을 수직으로 들어올리며 상체는 양간 회전시키면서 팔꿈치를 올려 반대 무릎으로 가도록 한다. 교차하여 반복하고 각각 10~15회 이상 실시한다.

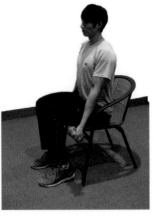

의자에 허리를 곧게 펴고 등을 대지 않고 앉은 상태에서, 손은 덤벨을 들고 한쪽 다리를 무릎을 펴면서 올리며 같은 팔의 팔꿈치를 굽히도록 한다. 좌우 교대로 반복하며 각각 10~15회 이상 실시한다.

의자에 허리를 곧게 펴고 등을 대지 않고 앉은 상태에서, 어깨는 골반 너비로 하고 한쪽 팔은 뒤쪽으로, 다른 쪽 팔은 앞으로 교차하여 뻗고 다리는 팔과 같은 방향으로 내딛으면서 움직인다. 마치 크로스컨트리 스키를 타는 것과 같이 미끄러지듯이 내밀고 팔도 앞으로 뻗는다. 좌우 교대로 반복하여 실시하며 30초에서 1분간 반복한다.

의자에 허리를 곧게 펴고 등을 대지 않고 앉은 상태에서 양발을 바닥에 닿도록 하고 팔꿈치는 굽혀서 옆구리에 붙이고 팔은 머리 위로 뻗는다. 다시 시작 자세로 되돌아가며 복부와 척추가 움직이지 않도록 버티고 30초에서 1분간 반복한다.

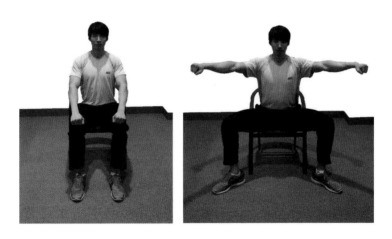

의자에 허리를 곧게 펴고 등을 대지 않고 앉은 상태에서 발과 무릎은 모으고 팔은 아래로 내린다. 다리를 바깥방향으로 넓게 미끄러뜨리며 벌리고 팔은 어깨높이까지 넓게 넓히도록 한다. 이 동작은 덤벨을 들고 30초에서 1분간 반복한다.

의자에 허리를 곧게 펴고 등을 대지 않고 앉은 상태에서 각각 반대쪽 팔과 다리를 들어올린다. 팔
과 다리를 교차하여 30초에서 1분간 실시한다.

소도구 운동

운동 시 적절한 도구를 선택하여 사용하면 더 효율적인 결과를 가져올 수 있다. 볼, 탄성밴드, 그리고 봉과 같은 다양한 소도구들을 이용하여 다양한 동작으로 운동할 수 있으며, 사용 근육의 고유감각 및 협응성을 자극하여 많은 장점을 가져올 수 있다.

볼 운동(Exercise Ball)

Exercise Ball은 일명 Swiss Ball이라고도 불리고 최초로 바람을 넣어 사용할 수 있는 비닐 볼이 폭넓게 사용된 것은 1960년대 스위스 운동치료사가 뇌성마비 어린이들의 균형향상과 신경 반응을 촉진하고자 사용하였다.

볼 운동은 볼 위에서 구르고, 회전하고, 균형을 유지하는 동작을 통해 전정기관을 자극하고, 촉감을 향상시켜 동작을 통합하고 신체반응에 도움을 준다.

볼 크기의 결정

각각의 신체 조건이 제각기 다르기 때문에 볼의 크기도 자신에 맞게 적용시켜야 한다. 볼 내부에 공기가 강하게 압축되었거나 혹은 딱딱한 볼은 바닥과 접촉면이 좁아 볼의 움직임이 빠르기 때문에 공기가 적은 볼보다는 균형을 잡는데 더 어려울 수 있다. 내부저항이 약한 볼이나 부드러운 볼은 바닥과의 접촉면이 더욱 넓기 때문에 천천히 움직이고, 균형을 유지하는데 필요한 노력이 적게 든다.

앉은 자세에서 볼의 이상적인 크기는 볼 위에 앉아 발바닥 전체가 바닥에 접촉한 상태에서 엉덩이와 무릎의 각이 90° 정도가 적당하다. 엎드린 자세는 양팔과 양다리 사이에 볼을 놓아 볼의 크기를 결정할 경우 어깨와 손목 간의 거리가 동일하면 된다. 신장에 따라 볼을 선택할 수 있으며 아래표와 같다.

볼의 크기	신장
45cm 볼	140~150cm
55cm 볼	150~170cm
65cm 볼	170~180cm
75cm 볼	180~190cm
85cm 볼	190cm 이상

두 다리는 엉덩이 너비만큼 넓히고 등에 볼을 대고 누운 상태에서, 균형을 유지하고 다리를 가볍게 밀면서 상체를 둥글게 일으킨다. 10~15회 정도 실시한다.

무릎을 굽혀 볼 위에 엎드린 자세에서 팔을 머리 뒤쪽에 위치시키고 무릎과 하복부를 볼에 대고 척추가 이완되도록 늘어뜨린 자세를 취한다. 하체는 안정적으로 유지하고 머리, 목, 그리고 등(척추)이 일직선이 되도록 상체를 들어올린다. 이때 팔꿈치도 양쪽으로 쭉 펴서 바닥과 평행하게 되도록 한다. 몸을 들어올릴 때 숨을 들여마시고 내릴 때 내뱉도록 한다. 10~15회 정도 실시한다.

두 다리는 엉덩이 너비만큼 넓히고 볼 위에 자연스럽게 앉은 상태에서 두 팔은 아래로 내려놓고 일정한 템포로 위아래로 튕겨준다. 20~25회 정도 실시한다.

두 다리는 엉덩이 너비만큼 넓히고 볼 위에 자연스럽게 앉은 상태에서 양손을 허리에 얹는다. 엉덩이를 볼 위에서 원을 그리며 움직인다. 시계방향으로 돌리고, 다시 시계 반대방향으로 돌린다. 10~15회 정도 실시한다.

두 다리는 엉덩이 너비만큼 넓히고 볼 위에 자연스럽게 앉은 상태에서 골반과 고관절을 이용하여 좌우 양옆으로 볼을 굴려 움직이게 한다. 이때 발목과 무릎을 통해 움직임을 도울 수 있다. 10~15회 정도 실시한다.

두 다리는 엉덩이 너비만큼 넓히고 선 자세에서 볼은 팔꿈치를 편 상태에서 가슴 앞에서 잡는다. 복부에 힘을 주고, 척추가 움직이지 않도록 주의하면서 볼을 머리 위로 들어올린다. 10~15회 정도 실시한다.

두 다리는 엉덩이 너비만큼 넓히고 선 자세에서 볼을 팔꿈치를 편 상태에서 가슴 앞에서 잡는다. 무릎은 약간 구부린 상태에서 볼을 바닥 가까이까지 아래로 내리면서 허리를 구부린다. 10~15회 정도 실시한다.

벽과 등 사이에 볼을 두고 발을 엉덩이 너비만큼 넓힌 상태로 선다. 엉덩이와 무릎을 굽혀 몸을 낮추고 엉덩이와 무릎을 펴면서 시작 자세로 돌아온다. 볼을 이용한 앉는 동작은 볼을 이용하지 않는 것보다 더 많은 운동범위를 통해 운동할 수 있다. 10~15회 정도 실시한다.

볼 위에 앉은 상태에서 몸을 약간 앞쪽으로 기울인다. 다리는 무릎 너비만큼 넓힌 상태에서 적당한 크기의 볼을 양 무릎 사이에 놓는다. 허벅지 안쪽 근육을 이용하여 볼을 조이는 느낌으로 힘을 주고 다시 힘을 풀도록 한다. 10~20회 정도 실시한다.

두 다리는 엉덩이 너비만큼 넓히고 허리에 손을 얹고 볼 위에 자연스럽게 앉는다. 무릎을 곧바로 펴고 천천히 내리는 동작을 반복하며, 좌우 교대로 반복한다.

탄성밴드(Elastic Band)

최대의 중량을 이용하는 중량운동은 근력을 향상 시키며 그 이하의 부하를 이용할 경우는 근지구력을 증대시킨다. 그뿐만 아니라 저항운동은 남녀 모두에 게 근육 크기를 증가시킬 뿐만 아니라 에너지 요구 량과 인슐린 작용력을 향상시킨다. 그러나 노인이나  허약자가 저항운동(resistance training) 혹은 웨이트 트레이닝(weight training)을 할 경 우, 팔, 어깨, 목과 같은 작은 부위를 이용하기 어렵다. 결과적으로, 위약한 대상자 의 작은 부위에 대한 근력 및 근지구력 트레이닝 시 부하 수단은 다양하지 못하다. 이러한 요구를 해소하기 위해서 적당한 중량의 덤벨이나 아령, 모래주머니, 튜브, 밴드 등을 사용할 수 있다. 그중에서 다양한 각도와 강도를 선택할 수 있는 튜브나 밴드를 이용하고 자신의 능력에 따라 적합한 밴드를 선택한다. 노인인 경우 노란색으로 시 작하여 빨강색으로 점진적으로 증가시켜 사용한다. 밴드의 색상과 길이변화에 따른 강도는 〈표 12〉와 같다.

〈표 12〉 밴드의 색상별 강도

(kg)

튜브의 종류		튜브를 늘린 길이		
색상	강도	20cm	40cm	60cm
노란색	thin	0.7	1.0	1.1
적색	medium	0.9	1.6	2.0
녹색	heavy	1.1	1.9	2.3
청색	extra heavy	1.4	2.8	3.4
검은색	special heavy	1.8	3.4	4.1
은색	super heavy	2.8	4.4	5.9

저항 탄력밴드 이용하기

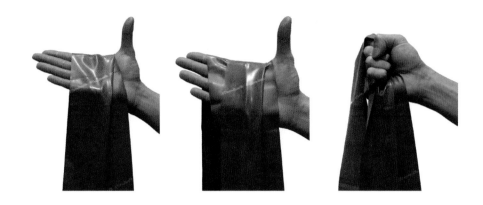

밴드잡기

손바닥을 편평하게 한 상태에서 밴드의 끝 부분을 잡고 한 바퀴 감아 손가락을 굽혀서 잡는다.

팔꿈치 굽히기

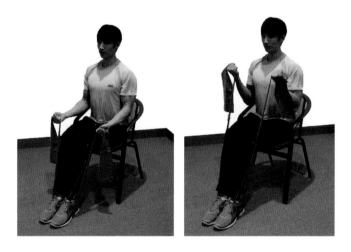

앉은 자세에서 양발로 밴드의 가운데를 밟고 무릎 높이에서 밴드의 양 끝을 잡고 손바닥이 얼굴을 향하도록 팔꿈치는 옆구리에 붙인 상태에서 시작한다. 손목은 곧게 펴고 팔꿈치는 구부리면서 어깨높이까지 올리고 다시 천천히 손을 내려 시작 자세로 돌아온다.

팔 앞으로 뻗기

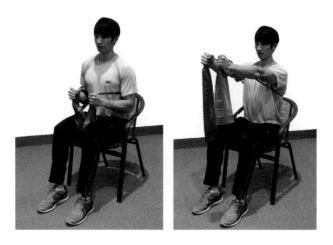

앉은 자세에서 밴드의 중앙 부위를 등 뒤로 대고 팔꿈치를 굽힌 상태에서 겨드랑이 밑으로 밴드를 놓이도록 한다. 어깨높이에 팔이 놓이도록 하고 팔꿈치를 곧게 펴면서 밴드를 늘리고 시작 자세로 다시 돌아온다.

팔 밖으로 돌리기

선 자세에서 한쪽 팔을 굽혀 신체의 전면으로 가져온다. 밴드는 팔꿈치가 굽혀진 상태에서 지면과 평행이 되도록 잡고 오른팔이라면 왼쪽에 고정한 다음 팔을 벌리듯이 어깨를 바깥으로 회전시켜 밴드를 잡아당긴다. 시작 자세로 천천히 돌아온다. 좌우 교대로 실시한다.

팔 안으로 돌리기

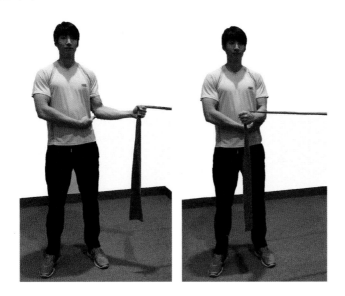

선 자세에서 한쪽 팔을 굽혀 신체의 전면으로 가져온다. 밴드는 팔꿈치가 굽혀진 상태에서 지면과 평행이 되도록 잡고 오른팔이라면 왼쪽에 고정한 밴드를 팔을 벌리듯이 어깨를 안쪽으로 회전시켜 잡아당긴다. 시작 자세로 천천히 돌아온다. 좌우 교대로 실시한다.

앉은 자세에서 다리 뻗기

앉은 자세에서 한쪽 다리의 발바닥에 밴드의 중앙 부분을 걸고 밴드는 의자 다리에 고정한다. 무릎을 굽히고 펴는 동작을 반복하고 이때 손이 함께 움직이면 다리에 충분한 부하가 걸리지 않으므로 손이 움직이지 않도록 자세를 확실히 유지한다. 좌우 교대로 실시한다.

양팔 위로 올리기

앉은 자세에서 한 발 혹은 양발로 밴드의 가운데를 밟고 양손으로 밴드를 어깨높이에서 잡는다.
팔꿈치를 곧게 펴고 팔을 들어올리고 시작 자세로 천천히 돌아온다.

양팔 좌우로 넓히기

선 자세에서 어깨높이에서 양손으로 밴드를 잡고 가슴이 넓게 펴지는 느낌으로 밴드를 좌우로 넓
히도록 한다.

의자에 앉아 팔 들어올리기

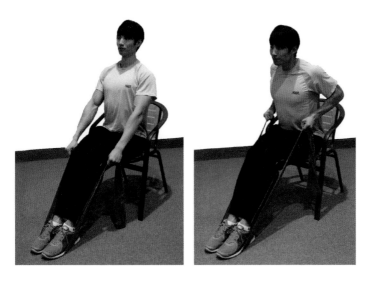

의자에 앉아 다리를 펴고 양발에 밴드를 걸어 밴드의 양 끝을 무릎 옆에서 잡는다. 팔꿈치를 뒤쪽으로 끌면서 밴드를 끌어당겨, 양쪽 견갑골에 가까이 닿도록 등을 조인다.

팔 앞으로 들어올리기

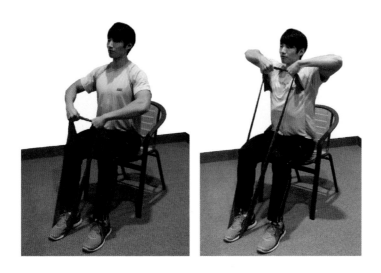

앉은 자세에서 다리를 어깨너비 정도로 유지하고 밴드의 중앙 부분을 양발로 밟아 고정한다. 밴드가 느슨하지 않도록 밴드 끝을 양손으로 잡고 팔을 몸 앞쪽으로 내밀 듯이 밴드를 끌어올려, 똑바로 어깨높이까지 끌어올린다.

의자에 앉아 무릎 펴기

앉은 자세에서 밴드의 한쪽 끝을 의자의 뒤쪽 다리에 묶고 다른 한쪽 끝은 자신의 발목에 감는다. 등은 안정된 상태에서 반동을 이용하지 않고 천천히 무릎을 펴고 되돌릴 때는 천천히 돌아온다. 좌우 교대로 실시한다.

앉았다 일어서기

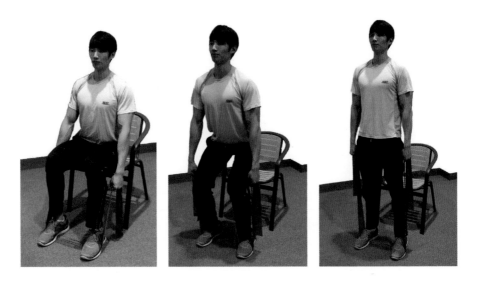

양쪽 다리를 어깨너비로 유지하고 무릎을 굽혀 반쯤 앉은 자세로 선다. 밴드의 중앙 부분을 양발로 밟고 밴드 양 끝을 단단히 잡는다. 밴드를 잡는 위치는 무릎 옆에 오도록 조절하고 무릎을 펴면서 몸을 일으킨다. 이때 팔꿈치는 굽히지 않는다.

발목 올리기

앉은 자세에서 한쪽 다리를 밴드로 감고 반대 발로 밴드를 밟고 밴드 끝은 한 손으로 잡고 등은
곧게 편 상태를 유지한다. 밴드로 감은 발은 당겨지는 장력에 저항하여 발등을 위쪽으로 들어올
린다. 좌우 교대로 실시한다.

봉 운동(Bar Exercise)

봉을 이용한 운동은 상체와 하체의 사용방법에 따라 복합적인 운동을 적용할 수 있으며, 무엇보다 자기 체중을 이용하여 여러 동작을 연속해서 수행하면 동적인 평형성과 근력, 그리고 신체 각 부위를 원활하게 수행할 수 있는 협응성을 향상시키는데 도움이 된다.

선 자세에서 봉을 어깨에 메고 다리는 어깨너비만큼 벌린다. 허리를 펴고 엉덩이를 뒤로 빼며 앉았다 일어난다. 이때 무릎이 발가락 앞으로 밀려 나오지 않도록 한다. 10~15회 이상 실시한다.

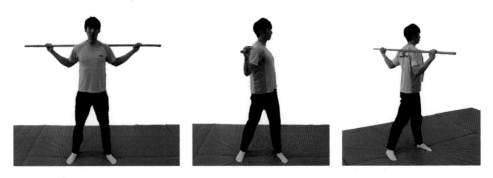

선 자세에서 봉을 어깨에 올리고 허리를 좌우로 움직일 수 있는 범위까지 회전시켜 준다. 10~15회 이상 실시한다.

선 자세에서 가슴 앞에 봉과 지면이 수평이 되도록 잡는다. 주로 사용하는 발을 먼저 앞으로 편안하게 느껴지는 만큼 나아가고 무릎이 발가락보다 앞으로 나가지 않도록 하며, 봉을 가슴높이를 유지하면서 쭉 밀어낸다. 반대도 교대로 실시한다. 10~15회 이상 실시한다.

선 자세에서 봉은 어깨너비로 잡고 손바닥이 바깥쪽을 향하고 다리도 어깨너비로 넓힌다. 팔꿈치를 굽히면서 동시에 한쪽 다리를 지면과 수평이 되도록 무릎을 굽히면서 들어올린다. 봉을 내리면서 다리도 처음 위치로 돌아간다. 반대쪽 다리도 같은 방법으로 수행한다. 10~15회 이상 실시한다.

선 자세에서 다리는 어깨너비보다 넓게 하고 지팡이를 든 것처럼 한 손으로 봉을 잡는다. 오른손으로 잡았다면 왼쪽 무릎을 바깥쪽으로 굽히고 몸통을 약간 회전시키면서 봉이 왼쪽 무릎 방향으로 가도록 한다. 무릎을 펴면서 봉을 당겨 원위치로 돌아온다. 굽혀지는 무릎 쪽으로 체중이 실리도록 한다. 10~15회 이상 실시한다.

선 자세에서 시작하고 지팡이를 든 것처럼 한 손으로 봉을 잡는다. 한쪽 발을 한 걸음 뒤로 빼고 앞무릎은 직각을 유지하며 뒷발을 쭉 펴준다. 15~20초 이상 정지동작을 유지한다.

운동 프로그램 운영하기

건강한 백세인과 건강한 독립생활을 유지하기 위해 자신의 부족한 체력요인을 개선하고자 결정하였다면 무엇보다 어떻게 실천해나가야 하는지 구체화하는 것이 중요하다.

운동 목표 설정하기

자신의 체력수준 및 흥미를 고려하여 평소 하고 싶은 운동을 선택하고 그 목표를 단계별로 설정하여 시작해야 한다. 운동과 신체 활동을 통해 향상되는 운동능력에 대한 평가가 이루어질 수 있으며, 부족한 부분은 운동 프로그램을 수정하여 재시도할 수 있기 때문이다.

예를 들어, 운동 초기에는 생활습관을 바꾸기 위한 자신의 일상을 점검하고 점진적으로 신체적 변화에 따라 운동 형태나 운동수준을 조절할 수 있다.

단기 목표

단기간의 목표를 작성하고 규칙적인 일상생활을 결정하는데 도움이 된다.

1.

2.

3.

장기 목표

6개월, 1년, 그 이상의 기간을 결정하고 목표를 설정하고 점진적인 신체 활동의 변화를 평가하는데 도움이 된다.

1.
2.
3.

주간 운동 및 신체 활동 계획하기

   자신의 운동과 신체 활동에 대한 계획을 아래의 양식에 기록하여 적용한다. 실질적인 운동 진행과정을 점검할 수 있고 구체적인 계획을 하는데 도움이 된다.

   예를 들어, 지구력 운동은 운동의 형태나 운동량을 점진적으로 늘려나가고 주중 운동량을 중간 정도까지 향상시키고 요일별 운동 형태와 운동 강도를 기록한다. 또한 근력 운동 시 대근육을 이용하여 일주일에 2일 이상은 해야 하지만 동일한 부위를 연속적으로 반복하지 않도록 주의하고 운동 프로그램에는 균형능력과 유연성을 위한 운동을 포함해야 한다.

	월	화	수	목	금	토	일
지구력							
상체 근력							
하체 근력							
균형 운동							
유연성 운동							

주말 신체 활동 기록하기

주중에 실시한 운동과는 달리 주말은 여유로운 신체 활동에 대한 시간을 기록한다. 예를 들어, 정원 가꾸기, 산책하기, 손주와 놀아주기 등을 기록하고 다음 주에 실시할 신체 활동을 계획해본다.

	신체 활동 형태	운동 수행 시간	다음 주 신체 활동 계획
1주			

	신체 활동 형태	운동 수행 시간	다음 주 신체 활동 계획
2주			

	신체 활동 형태	운동 수행 시간	다음 주 신체 활동 계획
3주			

	신체 활동 형태	운동 수행 시간	다음 주 신체 활동 계획
4주			

주중 유산소운동 기록

1주일간 지구력 운동을 기록하는 양식으로, 일주일에 격일로 3회를 기준으로 실시하면 좋겠지만 하루에 1번, 30분 이상의 유산소운동을 매일 할 수 있도록 노력하자!

	월	화	수	목	금	토	일
운동 형태							
얼마나 오래 운동을 지속하셨나요?							

요일별 걸음 수

	월	화	수	목	금	토	일
걸음 수							

주중 근력 운동 기록

1주일간 근력 운동을 기록하는 양식으로, 일주일에 최소한 2일 또는 가능한 더 자주 대근육(상체, 복부, 하체)을 이용하여 30분 이상의 근력 운동을 할 수 있도록 노력하자!

운동한 형태, 중량, 그리고 반복 수를 요일별로 기록해보자!

___주차

상체	월		화		수		목		금		토		일	
	중량	반복수	중량	반복수	중량	반복수	중량	반복수	중량	반복수	중량	반복수	중량	반복수

하체	월		화		수		목		금		토		일	
	중량	반복수	중량	반복수	중량	반복수	중량	반복수	중량	반복수	중량	반복수	중량	반복수

주중 유연성 운동 기록

    1주일간 유연성 운동을 기록하는 양식으로, 최소한 하루에 1번, 유연성 운동을 기록하며 특히, 반복수를 기록하자!

___주차

상체	월	화	수	목	금	토	일

하체	월	화	수	목	금	토	일

일본의 건강한 국민 만들기
- 21세기 국민건강 만들기 운동(건강일본 21) -

21세기 국민건강 만들기 운동으로서 2001년부터의 10년간 생활습관의 개선을 실시하는 것으로부터 조기사망과 간호 상태를 감소시켜「건강수명(건강하고 밝게 지낼 수 있는 기간)」을 늘리는 것을 목적으로 한다.

1. 건강일본 21의 목표

① 영양 · 식생활
② 신체 활동 · 운동
③ 휴양 · 정신건강 만들기
④ 흡연
⑤ 알코올
⑥ 치아 건강
⑦ 당뇨병
⑧ 순환기병(심근경색, 뇌혈관장해 등)
⑨ 암의 9가지 영역에 있어서 70의 목표설정이 되어 있다.

2. 신체 활동·운동에 있어서의 목표

1) 성인

의식적으로 운동을 하고 있는 사람의 수를 10% 증가시킨다.
일상생활의 보수를 1,000보/1일 증가시킨다.
운동습관자의 수를 10% 증가시킨다.

2) 고령자

운동습관자의 비율을 10% 증가
지역 활동을 하고 있는 사람의 비율을 10% 증가
일상생활의 보수를 1,300보/1일 증가시킨다.

3. 고령자의 삶의 질 유지·향상

「생활습관 병」, 「건강일본 21」의 개념을 근거로 하여 고령자가 삶의 질이 높은 생활을 하기 위해서는 식사요법과 일상생활 중에 신체운동을 넣어서 생활습관을 활성화시키는 것이 필수이다. 연령증가와 함께 악화되는 인슐린 작용, 고지혈증, 호흡-순환기능, 근력, 근량에 대하여 보행, 수영으로 대표는 유산소운동 트레이닝의 지속은 이러한 것들의 악화 방지에 유효하다는 사실이 판명되었지만 개선 효과는 불완전하였다. 저항성 운동이나 고지혈증 개선 약, ACE 저해 약 투여를 병용하면 인슐린 작용, 고지혈증, 심장기능, 근력 등이 유의하게 개선되는 사실이 판명되고 있다.

4. 노인들의 독립적인 일상생활을 위한 운동 프로그램
(Care Prevention Program)

고령화에 대한 사회문제를 해결하기 위해 일본에서는 개호보험이 2000년도부터 시작되었고 특히, 신체 활동에 대한 부분을 많이 고려하고 있다. 그 목적은 노인들이 타인의 도움 없이 독립적인 일상생활을 할 수 있도록 신체 능력을 향상시키는 운동 프로그램에 대한 것이며, 건강한 삶을 연장하여 개호가 필요하지 않도록 예방하기 위한 사업이고 지방자치마다 기관과 시설에 따라 다양한 프로그램을 운영하고 있다.

운영 중인 프로그램 중 Care Prevention Program이 있는데, 45세 이상, 성인 남녀는 누구나 참여 가능하며 특히, 실버타운이나 노인방, 농어촌 복합체육시설, 보건소, 노인 전문병원 등 고령자 전용 시설에 매우 유용한 프로그램이다.

본 프로그램의 주목적은 크게 4가지로 나뉘어 운영되고 있으며, 고령자 신체기능 향상을 위한 목적별 프로그램, 체력을 구성하는 근력, 유연성, 균형능력 관리 프로그램, 연령별 표준 자료(DB)에 근거한 과학적이고 체계적인 프로그램, 그리고 개인별 검진결과에 따른 1:1 맞춤 운동 프로그램으로 나누어볼 수 있다.

4가지 목적에 따른 프로그램을 운영하기 위해서는 공통적으로 신체적 특성, 체력적 특성의 측정이 필요하고 세부적 항목은 악력, 각근력, 체전굴, 평형성, 전신반응, 동적 평형성, 최대산소섭취량 측정, 그리고 1RM(최대 반복 수)이 있다. 그 외에도 기능적으로는 양손의 사용능력과 관련되고 특히, 노후에 휠체어 사용 가능성에 대한 로잉능력, 직립보행 여부 및 가능성에 대한 앉아서 다리 뻗기(Leg extension), 직립보행, 보행능력, 그리고 엉덩이 관절능력 여부에 대한 엎드려 다리 굽히기(Leg press), 그리고 엉덩이 관절의 효과적 운동 여부에 대한 좌우로 다리 당기기(Abductor)의 측정이 필요하다. 모든 측정 변인에 대한 결과표와 프로그램은 개별적으로 작성하여 운영한다. 필요에 따라 측정평가방법은 선택적으로 적용할 수 있지만 보행능력, 근력, 평형성, 유연성, 스피드의 5가지 공통 요인을 포함한다.

평가순서 및 항목

1. 평가(문진 체력증진)	2. 최대 악력
3. 동적 평형성	4. Long Siting
5. 최대 보행 속도 5m	6. Timed Up & Go
7. 최대 무릎 신전	8. 전신반응 시간

운동 프로그램 작성

3개월 트레이닝 프로그램 진행 전후에 보행능력, 평형성, 근력, 유연성, 스피드 등 5가지 주요 체력요소를 측정한 후 집중 강화 운동 프로그램을 실시한다.

질문과 대답

Q 1. 나는 특별히 운동을 하고 있지 않고 지난 몇 년 동안 운동을 하지 않았습니다. 그런데 지금 운동을 시작해도 안전한가요**?**

A 1. 오랜 시간 적극적인 신체 활동을 하지 않은 경우, 낮은 수준의 노력으로 천천히 시작하는 것이 중요합니다. 예를 들어, 여러분이 산책, 자전거 타기, 또는 수영하기를 원한다면, 처음에는 편안한 페이스로 시작하고 점진적으로 속도를 늘려가도록 합니다. 근력을 하는 경우는 2kg 또는 4kg의 무게를 가지고 시작하고 점진적으로 무게를 늘려가도록 합니다.

여러분이 더 강하고 활동적인 운동을 하기 원할 경우에는 운동 전문가와 상담을 하고 시작하도록 합니다.

Q 2. 개인적으로 의학적인 소견(예: 관절염, 고혈압, 당뇨병, 심혈관질환)을 가지고 있는데 운동을 해도 안전한가요**?**

A 2. 운동은 대부분의 사람이 안전하게 할 수 있습니다. 관절염, 고혈압, 당뇨병, 또는 심혈관질환을 가지고 있는 사람들은 규칙적인 운동과 신체 활동을 통해 운동의 이점이 있다는 것이 연구들로 증명되었습니다. 운동을 통해 여러 가지 의학적 문제를 개선할 수 있으며, 여러분의 의학적 소견과 운동능력을 고려하여 운동을 시작할 수 있고 사전에 운동전문가나 의사와 상담을 하도록 합니다.

Q 3. 나에게 필요한 신체 활동량은 얼마나 되나요?

A 3. 적어도 30분 이내 중간 정도의 지구력 운동을 수행하거나 매일 운동하는 것을 목표로 합니다. 운동을 무엇이라도 하는 것이 중요하고 지구력, 균형, 유연성, 그리고 근력의 4가지 운동 형태를 골고루 구성하여 시작합니다. 특히, 근력 운동을 하고자 한다면 최소한 1주일에 2일, 대근육군을 30분 이상 자극하고 단, 같은 근육군을 연속적으로 사용하지 않도록 프로그램을 구성합니다.

Q 4. 얼마나 오랜 기간 운동을 해야 하나요?

A 4. 일단 신체적 활동을 시작하면, 2~3주 후에도 신체의 변화를 볼 수 있고 평소보다 활기찬 느낌이 들게 됩니다. 그 이유는 단기적 근신경 적응으로 인해 일상생활이 더욱 쉽고 빠르게 움직일 수 있는 것을 느낄 수 있는 것입니다. 8~12주 이상 규칙적이고 지속적인 운동습관을 유지할 때 신체변화를 오랫동안 유지할 수 있습니다.

Q 5. 규칙적인 일상생활만으로 충분한 신체 활동의 자극을 받을 수 있나요?

A 5. 일상적인 신체 활동만으로는 부족할 수 있습니다. 우선 자신의 신체 활동을 나열해봅니다! 일상적인 출퇴근을 포함한 이동, 산책, 낙엽 긁기나 계단을 오르기 등……, 그 외 어느 정도의 근력 운동 또는 유산소운동을 하고 있는지. 게다가 매일 얼마나 실천하고 있는지……. 가장 중요한 것은 지구력, 근력, 균형, 그리고 유연성의 4가지 운동 형태를 구성하고 규칙적인 노력과 시간을 투자하고 있다면 충분히 운동 효과를 가져올 수 있습니다.

Q 6. 부상이나 건강 문제가 있는 상태에서 어떻게 운동을 유지하고 다시 시작할지, 안전 여부는 어떻습니까?

A 6. 만약 당신이 부상이나 질병으로 인해 운동을 며칠에서 몇 주를 쉬게 되었다고 낙담하지 않아도 됩니다. 부상과 질병이 회복되면 시작할 수 있으며, 운동전문가나 의사에게 운동 여부를 상담받고 시작하면 됩니다. 다시 시작하게 되면, 예전에 운동을 하고 있을 때의 절반 수준으로 시작하고 점차적으로 늘려가도록 합니다. 생각보다 짧은 시간에 예전 체력수준으로 회복할 수 있습니다.

Q 7. 평소에 쉽게 피로감을 느낍니다. 저를 위해 가장 좋은 신체 활동은 무엇이 있을까요?

A 7. 일단 운동을 시작하게 되면, 예전보다 더 많은 대사능력을 가지게 됩니다. 자연히 기초대사량이 증가하고 피로도에 대한 저항이 좋아지는 것을 느끼게 될 것입니다. 운동량을 늘릴 수 있다면, 운동이 더 쉬워지고 오랫동안 운동을 지속할 수 있는 것을 느낄 수 있습니다.

규칙적이고 중간 정도의 근력 운동은 피로감을 감소하게 해주고 심지어 스트레스를 관리하는데 도움이 될 것입니다.

Q 8. 현재 81살인데, 운동을 하고 싶습니다.

A 8. 일생 동안 신체 활동을 지속적으로 유지하는 것이 중요한데, 규칙적인 운동과 신체 활동은 근력을 유지하고 당신이 즐기고 있는 일을 유지할 수 있게 도움을 줍니다. 나이와 상관없이 당신의 체력수준과 요구에 맞는 신체 활동을 찾고 무엇보다 체력평가를 받고 운동 중 고려사항을 파악한다면, 운동을 시작할 수 있습니다.

Q 9. 일상적인 걷기 외에 필요한 다른 운동이 있나요?

A 9. 운동을 즐기는 대부분의 사람은 자신이 좋아하는 한 가지 운동에 초점을 맞추어 하는 경우가 많고 그렇게 해도 충분하다고 생각합니다. 하지만 기본적으로 지구력, 근력, 균형, 그리고 유연성 4가지 형태의 운동을 포함하는 것이 중요합니다. 각 체력요인은 각각 다른 이점을 주기 때문입니다. 한 가지 요인이 다른 요인의 효과를 가져올 수 있지만, 다양한 운동을 통해 지루함을 감소시키고 운동 부상을 예방하는 것도 중요합니다.

Q 10. 그룹 또는 단체운동과 나만을 위한 개인 운동 중 어느 것이 나을까요?

A 10. 운동을 하는 방법은 여러 가지가 있습니다. 얼마나 즐기면서 할 수 있느냐가 가장 중요하겠지요! 당신이 수영, 정원 가꾸기 혹은 걷기를 시작해도 좋고 춤추기와 테니스와 같이 2명 이상이 즐기기에 좋은 운동을 선택해도 좋습니다. 하지만 어떤 사람들은 규칙적으로 체육관에 나가 헬스 트레이너의 지도를 통해 동기부여를 받는 것이 이로울 때도 있습니다.

자기 스스로 동기부여가 되어 규칙적으로 운동을 유지하고 흥미를 유지할 수 있는 운동을 선호하는 것이 좋을 듯합니다

김석희

한양대학교 체육학과 학사
한양대학교 일반대학원 체육학 석사(운동생리)
한양대학교 일반대학원 체육학 박사(스포츠의학)
전) 국민체육진흥공단 국민체력센터 운동처방실 실장
    강남대학교 실버산업연구원 생활건강센터 전임연구원(수도권 특성화 연구사업)
    서울아산병원 스포츠건강의학센터 임상운동사
현) 한국과학기술원 인문사회과학과 전문교수
    한국과학기술원 류근철 스포츠 컴플렉스 운동처방실 책임교수
    한국발육발달학회 이사
    대한장애인체육회 현장평가위원
    대한스포츠의학회 평생회원
    한국체육학회, 한국여성체육학회 정회원
    www.ksma.net 운영자

PHYSICAL ACTIVITY
노인건강발전소
FOR OLDER ADULT

초판인쇄	2013년 5월 10일
초판발행	2013년 5월 10일

지은이	김석희
펴낸이	채종준
기획	이혜지
디자인	추정미·홍은표
편집	박은주

펴낸곳	한국학술정보(주)
주 소	경기도 파주시 문발동 파주출판문화정보산업단지 513-5
전 화	031) 908-3181(대표)
팩 스	031) 908-3189
홈페이지	http://ebook.kstudy.com
E-mail	출판사업부 publish@kstudy.com
등 록	제일산-115호(2000.6.19)

ISBN	978-89-268-4265-2 03690 (Paper Book)
	978-89-268-4266-9 05690 (e-Book)

이담 Books 는 한국학술정보(주)의 지식실용서 브랜드입니다.